Marcos Alberto de Oliveira

EM BUSCA DA EXCELÊNCIA EMPRESARIAL

3ª Edição

www.dvseditora.com.br
São Paulo, 2012

EM BUSCA DA EXCELÊNCIA EMPRESARIAL

Produção Gráfica, Diagramação e Revisão: Konsept Design & Projetos

Dados Internacionais de Catalogação na Publicação (CIP)
(Câmara Brasileira do Livro, SP, Brasil)

Oliveira, Marcos Alberto de
Em busca da excelência empresarial / Marcos Alberto de Oliveira. -- 2. ed. rev. e ampl. -- São Paulo : DVS Editora, 2009.

Bibliografia.
ISBN 978-85-88329-52-2

1. Auditoria - Normas 2. Competitividade (Economia) 3. Controle de qualidade - Normas 4. Empresas - Certificação 5. ISO 9000 Series Standards 6. Planejamento estratégico I. Título.

09-06001 CDD-658.4013

Índices para catálogo sistemático:

1. Excelência empresarial : Controle de qualidade : Administração de empresas 658.4013

DEDICATÓRIA

A família é a base para que o ser humano consiga se desenvolver dentro da sociedade.

Este livro é dedicado aos meus pais, Cleusa e Luiz, que proporcionaram o meu desenvolvimento com muito carinho e dedicação, por meio de uma estrutura familiar sólida e harmoniosa, causa principal dos meus êxitos.

Aos meus irmãos, Luiz Ricardo e Paulo Roberto, muito mais do que irmãos, meus amigos e fiéis companheiros em todas as situações da vida.

À minha avó Lourdes, pelo afeto e compreensão.

SUMÁRIO

Agradecimentos XI
Apresentação XIII
Prefácio XVII
Introdução XIX
Definição da Cadeia de Valor segundo Porter XXI

CAPÍTULO 1:

Estratégia e *Balanced Scorecard:* Alinhando as Iniciativas em Busca da Excelência 1
Estratégia e Proposta de Valor 1
A Análise Estratégica Baseada no Modelo de Porter 3
As Cinco Forças 4
Análise dos Fatores Internos e Externos – Análise de SWOT 6
Estratégias Genéricas segundo Porter 8
A Implementação da Estratégia Utilizando o *Balanced Scorecard* 9
Criando Valor 10
O Conceito do *Balanced Scorecard* (BSC) por Kaplan e Norton 12
Entendendo as Perspectivas 13
1. A Perspectiva Financeira 13
2. A Perspectiva do Cliente 14
3. Perspectiva dos Processos Internos 15

4. A Perspectiva do Aprendizado e Crescimento 17
Os Mapas Estratégicos 19
As Diferentes Funções do Mapa Estratégico segundo Kaplan e Norton 20

CAPÍTULO 2:

A Busca da Excelência nos Produtos e Serviços 23

A Importância dos Serviços 26
O Conceito de Serviços 28
Produtos x Serviços 30
Voltando ao Conceito de Serviços 30
Sistemas de Operações de Serviços 31
Classificação dos Processos de Serviços 34
Características dos Serviços 36
Os Serviços como Processos 38
Serviços com Qualidade 39

CAPÍTULO 3:

Qualidade: O Primeiro Passo em Busca da Excelência 45

Um Breve Histórico 45
O Conceito de Qualidade 47

CAPÍTULO 4:

A Busca da Excelência Empresarial 53

A Evolução dos Modelos de Excelência 54
O Prêmio *Deming* 54
O Prêmio *Malcolm Baldrige* 55
O Prêmio Europeu de Qualidade 56
O Prêmio Nacional da Qualidade 57
A Entidade ISO 60
Certificação do Sistema de Gestão da Qualidade 61
Eficiência e Eficácia 63

CAPÍTULO 5:

A Certificação ISO como Estratégia Empresarial 65
Os Oito Princípios de Gestão que Norteiam a ISO 9001 66
Normas da Série ISO 9000 69
Ciclo PDCA – Base para o Sistema 70
Requisitos da ISO 72
Conhecendo Melhor a Estrutura da Norma ISO 9001 74

CAPÍTULO 6:

Vendendo o Projeto para o Gestor 79
Custos da Qualidade 79
Escolhendo o Representante da Direção 81
Responsabilidade e Autoridade 82
Comunicação Interna 82
O que Compõe um Sistema de Gestão da Qualidade? 82
Documentação para o Sistema de Gestão da Qualidade 83
Elaboração do Manual da Qualidade 86
A Política da Qualidade 87
Fazendo o Planejamento para o Sistema de Gestão da Qualidade 88
Requisitos de Controle de Documento 90
Como Fazer o Controle dos Registros da Qualidade 92

CAPÍTULO 7:

Colocando em Prática os Conceitos da Qualidade 95
O Desdobramento da Política da Qualidade em Objetivos 96
A Gestão dos Recursos 98
Infraestrutura 101
Ambiente de Trabalho 101
Passos para a Realização do Produto 102
Projeto e Desenvolvimento 105
O Desenvolvimento de Fornecedores 107
Controle de Produção e Provisão de Serviço 108

Identificação e Rastreabilidade 109
Propriedade do Cliente 109
Preservação do Produto 110
Equipamentos de Medição, Inspeção e Ensaio 110

CAPÍTULO 8:

Monitore para Tomar o Rumo Certo 113

Indicadores 114
Indicadores de Eficiência 115
Indicadores de Eficácia 115
Satisfação do Cliente 115
Auditoria Interna 116
Medição e Monitoramento dos Processos 117
Monitoramento e Medição do Produto 118
Controle de Produto Não Conforme 119
Análise de Dados 120
Melhoria Contínua 121
Ação Corretiva 121
Ação Preventiva 122

CAPÍTULO 9:

Desmistificando as Auditorias 125

Os Objetivos de uma Auditoria 126
Classificação da Auditoria 126
Entendendo o Processo de Auditoria 128
Entendendo Melhor o Processo de Certificação 130
As Pré-Auditorias 130
Tipos de Auditorias de Certificação 131
Preparando-se para as Auditorias 132
Documentação do Sistema de Gestão da Qualidade:
A Base para a Auditoria 132
Atenção para os Registros 133
Conscientizando as Pessoas 135
Conhecendo um Pouco sobre a Formação do Auditor 136

CAPÍTULO 10:

**Gestão Ambiental:
Fator Importante para a Excelência Empresarial** **139**

As Questões Ambientais 140
A Série de Normas ISO 14000 142
Porque Implantar um Sistema de Gestão Ambiental 144
Vantagens Competitivas Obtidas com a Implantação de um Sistema de Gestão Ambiental 145
Os Passos para a Implantação do Sistema de Gestão Ambiental 145
Atendendo aos Requisitos do Sistema de Gestão Ambiental 146
A Política Ambiental 146
O Planejamento – Identificando os Aspectos Ambientais 147
Requisitos Legais e Outros 149
Definindo Objetivos, Metas e Programas Ambientais 150
A Implementação e Operação do Sistema de Gestão Ambiental 151
Documentação do Sistema de Gestão Ambiental 153
Análise Crítica pela Administração 156
Outros Instrumentos de Apoio à Gestão Ambiental 157
Benefícios da Implantação do Sistema de Gestão Ambiental 160
A Lógica das Ações de um Sistema de Gestão Ambiental 161
Integrando os Sistemas 162

CAPÍTULO 11:

**Gestão da Segurança e Saúde Ocupacional:
Outro Sistema a Ser Integrado** **163**

A Preocupação das Organizações com a Saúde e Segurança no Trabalho 164
Sistema de Gestão da Segurança e Saúde no Trabalho 165
A Norma OHSAS 18001 166
Planejamento para Identificação de Perigos e Avaliação e Controle de Riscos 167
Objetivos para o Sistema de Segurança e Saúde no Trabalho 169
A Implementação do Programa de Gestão de Segurança e Saúde no Trabalho 169
Verificação 171

Análise Crítica pela Administração 172
Benefícios da Implantação do Sistema de Gestão da Segurança e Saúde Ocupacional 173
A Lógica das Ações de um Sistema de Gestão da Segurança e Saúde Ocupacional 174
Integrando os Sistemas 175

CAPÍTULO 12:

Sistema de Gestão da Responsabilidade Social 177
O Desenvolvimento Sustentável 179
A Norma SA 8000 – *Social Accountability* 181
A Lógica das Ações de um Sistema de Gestão da Responsabilidade Social 185
A Norma ABNT NBR 16001 186
Planejamento 188
Implementação e Operação 189
Requisitos de Documentação 190
Medição, Análise e Melhoria 191
Benefícios da Implementação de um Sistema de Gestão da Responsabilidade Social 193
A Lógica das Ações de um Sistema de Gestão da Responsabilidade Social 193

CAPÍTULO 13:

Sistemas de Gestão Integrados 195
Elementos Comuns aos Sistemas de Gestão 201
Documentos do Sistema de Gestão Integrado 202
Planejamento de Ações para o Sistema de Gestão integrado 204
A PAS 99 204
Correspondência entre os Requisitos dos Sistemas de Gestão OHSAS18001, ISO 14001 e ISO 9001 207

Considerações Finais 211
Referências Bibliográficas 213

AGRADECIMENTOS

Fiquei muito feliz quando comecei a pensar na lista de agradecimentos às pessoas que, de alguma forma, me incentivaram para que este livro viesse a se tornar uma realidade. Considero-me um privilegiado por conhecer pessoas tão especiais as quais posso chamar de amigos.

A FAAP é uma extensão da minha casa, pois, de fato, encontrei na Pós-Graduação, na Faculdade de Engenharia e na Faculdade de Administração pessoas realmente tão especiais quanto meus familiares.

Gostaria de agradecer ao amigo e diretor da FAAP Pós-Graduação Victor Mirshawka Jr. que, com sua criatividade e dedicação tem sido uma pessoa muito especial para o meu desenvolvimento profissional.

Ao professor Victor Mirshawka, muito mais que um diretor-cultural, um empreendedor nato que permite e proporciona oportunidades de desenvolvimento aos professores da FAAP e apoiou e incentivou a realização deste projeto.

Ao professor Francisco Carlos Paletta, diretor da Faculdade de Engenharia da FAAP, pela oportunidade e confiança depositada em meu trabalho de coordenação do núcleo de Pós-Graduação, Pesquisa e Extensão da Faculdade de Engenharia.

Ao professor Henrique Vailati, diretor da Faculdade de Administração da FAAP, pela confiança e o apoio de sempre na coordenação da Pós-Graduação em Administração de Empresas.

Gostaria de expressar minha gratidão aos amigos e aos professores dos cursos de Pós-Graduação, com os quais tenho um constante aprendizado: Paulo Roberto de Oliveira, Alessandro Rigon, Ana Lúcia Rodrigues da Silva, Antonio Cláudio Queiroz Santiago, Carlos Vital Giordano, Leandro Reale Perez, José Sarkis Arakelian, Evandro Monteiro Olivier, Jorge

Luis Padovan, Antonio Pereira do Nascimento, José Joanilso Béttio, Luiz Alberto de Souza Aranha Machado, Celi Langhi, Luiz Lima Vailati, Lucio Allan Goulart, Humberto Emílio Massareto, Marco Aurélio Morsch, João Lucio Neto, Silvana Pettinati Lucio, João Pareto Conrado, Izabela Mioto, Acácio Hypólito, Claudia Aparecida Serrano, Richard Vinic, Benedito Rodrigues Pontes, Walter Gomes, Armando Terribili Filho, Eduardo de Lima Brito, Nelson José Rosamilha, Mário Pascarelli Filho, James Teixeira, João Carlos Rodrigues, Cristiane Lima Cortez, Ana Maria Irene Bartolomeu Ayrosa, Gustavo Mirapalheta, José Augusto Lopes. A vocês, o meu muito obrigado.

Agradeço ainda aos estudantes dos cursos de Engenharia, Administração e Pós-Graduação da FAAP.

Muitos nomes não foram aqui mencionados, porém a todos sou extremamente grato por atingir este momento tão importante de compartilhar o conhecimento. Obrigado a todos!

APRESENTAÇÃO

Este livro foi escrito com o intuito de facilitar e esclarecer aos gestores e empreendedores de nossas empresas a utilização das normas relacionadas à qualidade, meio ambiente e saúde e segurança no trabalho como um caminho interessante em busca da **excelência empresarial**.

Por meio de uma linguagem simples, tem como principal objetivo não repetir tudo o que já foi dito por tantos outros autores e especialistas sobre o tema, mas abordar de maneira pragmática todo o processo de certificação e ressaltar os benefícios que os gestores poderão obter com essa certificação.

Este livro é formado por treze capítulos e traz na Introdução uma abordagem e reflexão sobre o cenário de competitividade vivido pelas organizações, independentemente do segmento de atuação e dos produtos e serviços oferecidos.

A seguir, apresentamos o que o livro abordará em cada capítulo, fornecendo uma visão do conjunto e dos objetivos de cada tema em estudo.

Capítulo 1: *Estratégia e Balanced Scorecard: Alinhando as Iniciativas em Busca da Excelência*

O autor apresenta as etapas para a elaboração de um planejamento estratégico e a metodologia *Balanced Scorecard* demonstrando sua contribuição para os resultados das estratégias da organização.

Capítulo 2: A *Busca da Excelência nos Produtos e Serviços*

Neste capítulo é apresentada uma visão sobre como as empresas devem definir suas estratégias em busca da excelência nos produtos e serviços.

Capítulo 3: *Qualidade: O Primeiro Passo em Busca da Excelência*

Este capítulo apresenta as diversas abordagens sobre o conceito de Qualidade.

Capítulo 4: *A Busca da Excelência Empresarial*

Neste capítulo é apresentada uma visão sobre como as empresas devem definir suas estratégias em busca da excelência empresarial.

Capítulo 5: *A Certificação ISO como Estratégia Empresarial*

Neste capítulo são apresentados os princípios da ISO 9000 e como um gestor deve visualizar a implementação de um Sistema de Gestão da Qualidade com base nesse padrão normativo.

Capítulo 6: *Vendendo o Projeto para o Gestor*

Serão abordados, neste capítulo, como o gestor participará do processo, suas responsabilidades, seu envolvimento e seu comprometimento durante a implementação da estratégia. A maior dificuldade para o gestor, antes da implementação, é a visualização de como ele poderá obter resultados para sua gestão, por meio da certificação.

Capítulo 7: *Colocando em Prática os Conceitos da Qualidade*

Colocar em prática os conceitos significa aprender a fazer qualidade. A maior dificuldade de todo gestor é conseguir implementar o desdobramento de sua estratégia em todos os níveis da organização e conseguir o envolvimento e o comprometimento das pessoas para que se tenha o êxito desejado.

Capítulo 8: *Monitore para Tomar o Rumo Certo*

Não se faz controle daquilo que não é medido. Monitorar os processos por meio de indicadores e implementar as ações com base nos resultados são fatores preponderantes para o sucesso do Sistema de Gestão.

Capítulo 9: *Desmistificando as Auditorias*

Este capítulo mostra como o gestor pode tirar proveito das auditorias às quais todo Sistema de Gestão da Qualidade é submetido. Demonstra, ainda, como esse mecanismo pode se tornar uma fonte constante de iniciativas para a melhoria contínua dos processos.

Capítulo 10: *Gestão Ambiental: Fator Importante para a Excelência Empresarial*

O autor ressalta outras estratégias a serem tomadas em continuidade ao processo de certificação pela norma ISO 9001, visando à busca pela excelência empresarial. Dessa forma, é apresentado o modelo de gestão ambiental com base na norma ISO 14001.

Capítulo 11: *Gestão da Segurança e Saúde Ocupacional: Outro Sistema a Ser Integrado*

Em continuidade à apresentação de outras estratégias a serem tomadas em busca da excelência empresarial, é apresentado o modelo de gestão da saúde e segurança no trabalho com base na norma OHSAS 18001.

Capítulo 12: *Sistema de Gestão da Responsabilidade Social*

Neste capítulo apresentam-se o conceito de sustentabilidade, bem como os sistemas de gestão da responsabilidade social baseados nas normas SA 8000 e NBR 16001.

Capítulo 13: *Sistemas de Gestão Integrados*

Neste capítulo apresentam-se a integração dos Sistemas de Gestão da Qualidade, Sistema de Gestão Ambiental e o Sistema de Gestão da Segurança e Saúde Ocupacional.

Considerações Finais

O autor faz suas considerações finais sobre os assuntos abordados no desenvolvimento do livro.

PREFÁCIO

Em Busca da Excelência Gerencial

Escrever um livro é algo parecido a ter um filho. Vejamos...

A concepção: uma ideia que normalmente não nos larga, que aparece em nosso pensamento de forma insistente, pois se mostra apta a ganhar vida, e que nos utiliza como veículo para sua manifestação, pois não desiste enquanto não for desenvolvida.

A gestação: um processo de produção, que não raro demora mais do que nove meses, durante o qual coexistem pesquisa, estudo, elaboração, rascunho, revisão, um pouco de enjoo e medo, palpites, perda de sono, uma vontade ocasional de desistir e pouco tempo de lazer.

O parto: o lançamento do livro, se possível num coquetel entremeado por amigos e familiares.

E o trabalho não acaba por aí, pois no mundo do conhecimento, as obras literárias de cunho educacional/científico requerem constante atualização, mais ou menos como educar um filho...

O prof. Marcos de Oliveira passou por tudo isso. Vale ressaltar que, no caso desta obra, todo o esforço já foi duplamente coroado. Este é o prefácio à segunda edição, revisada e ampliada, um demonstrativo de que o conteúdo apresentado comprovou seu valor, mas para persistir encontrando seu caminho até os leitores precisou de ajustes e adições, cada vez mais comuns e mais rapidamente necessárias, na era da velocidade em que vivemos.

Talvez pareça desnecessário justificar a importância de buscar a excelência, tema desta obra, pois pode soar óbvio. Todavia, ainda precisamos trilhar em nosso país, nas empresas privadas e nas instituições públicas, um longo caminho neste sentido.

Por mais direta que seja a mensagem: a de empreendermos, profissionais e corporações, uma jornada incessante de melhoria de processos, produtos e serviços, acompanhada do aumento de qualidade e da implantação de práticas de gestão que têm caracterizado as chamadas empresas de classe mundial, em busca de mais competitividade; temos visto que ainda existe um enorme desrespeito ou descaso a tudo isso no mercado. Isto pode ser uma grande oportunidade para aqueles que se dispuserem a adquirir o conhecimento necessário e a realizar ações que conduzam à excelência.

Estimo que esta segunda edição, revista e aperfeiçoada, continue contribuindo, seja como material de consulta nas aulas dos cursos de Pós-Graduação da FAAP, seja como obra de referência ao leitor eventual, para nortear os esforços de profissionais e instituições, no sentido de buscar a excelência que garante a sustentabilidade de suas carreiras e de seus negócios, especialmente numa época como a que vivemos, tão marcada pela crise recente.

A estrutura lógica e abrangente dos atuais treze capítulos, organizados de forma a facilitar a apreensão e a utilização dos conceitos, certamente tornará a experiência dos leitores agradável e valiosa, como foi a minha ao ler este material.

Reitero as congratulações de toda a equipe da FAAP ao prof. Marcos pelo valioso trabalho.

Victor Mirshawka Junior
Diretor – Pós-Graduação FAAP

INTRODUÇÃO

Não é fácil falar sobre o futuro e, muito menos, prevê-lo. Todo gestor passa grande parte de seu tempo fazendo previsões para que, baseando-se nelas, consiga impor um padrão relacionado a determinado tipo de negócio e obtenha, assim, vantagens competitivas para esse negócio.

Diante de um mercado altamente competitivo, o gestor é obrigado a aprender a conviver com as turbulências impostas pelas constantes mudanças econômicas, políticas e socioculturais.

Essas mudanças acabam por influenciar diretamente as diretrizes das organizações, criando novas oportunidades de mercado, gerando novas ameaças e, consequentemente, fazendo com que os gestores tenham que se dedicar bastante à elaboração de estratégias adequadas, para que sejam traduzidas em resultados para a organização.

Talvez o leitor não tenha essa percepção no seu dia a dia e para comprovar essa situação, deve tentar responder às seguintes perguntas:

- Quantas vezes a sua empresa foi obrigada a mudar os produtos e os serviços, em virtude de uma redefinição das exigências do mercado? Quantas vezes sua empresa foi obrigada a associar serviços aos produtos já oferecidos, buscando agregar valor? Quantos produtos foram literalmente substituídos ou totalmente reestruturados em termos de *design* e até mesmo com novas funções associadas?

Agora o leitor deve pensar na sua formação acadêmica e profissional:

- Quantos cursos você realizou nos últimos cinco anos? Por que você precisa estudar tanto? Analise o seu *curriculum vitae* e observe quantos cursos realizados no passado, atualmente, não representam quase nenhum diferencial se pensarmos que você está concorrendo a determinada vaga, em determinada empresa, onde outros profissionais altamente qualificados também estão participando do mesmo processo de seleção.

Podemos tentar resumir tudo isso em uma única palavra: **competitividade**. No mundo moderno só tem espaço quem é realmente competitivo. Seja uma organização de qualquer porte, seja um profissional de qualquer formação; para quem pretende atuar e se destacar em qualquer segmento de mercado, a palavra-chave é **competitividade**.

Ser competitivo é o maior desafio a todo gestor que pretende obter êxito neste século XXI, em que o ciclo de vida dos produtos é cada vez mais curto, o cliente é cada vez mais exigente e infiel, e as empresas lutam muito para que seus produtos e serviços tenham algum valor agregado e, mais do que isso, este valor seja percebido pelos clientes, ganhando, assim, a fidelidade destes e o fortalecimento de sua marca.

Após esta breve reflexão, acredito que as perguntas que neste momento estejam pairando na cabeça do leitor sejam as seguintes: o que devo fazer para que tanto eu quanto qualquer profissional de mercado, como a minha empresa, consigamos "sobreviver" neste mercado altamente competitivo? Será que existe algum caminho mais adequado a ser seguido? Qual deve ser a estratégia a ser adotada?

Não existe uma resposta-padrão às perguntas anteriores, mas podemos utilizar metodologias já existentes e, com isso, criar estratégias para que nossas empresas estejam, pelo menos, mais preparadas para enfrentar os problemas da concorrência, de maneira mais estruturada.

Destacamos que a competitividade é o objetivo maior para as organizações. Entretanto, se pensarmos como profissionais da qualidade temos de nos preocupar em tentar descobrir a causa-raiz dessa necessidade. Por mais que discutamos, sempre chegaremos a uma razão principal: a satisfação do cliente.

É claro que a *globalização* e sua influência direta no mercado mundial, o grande desenvolvimento dos meios de comunicação em virtude de um elevado avanço tecnológico, as medidas governamentais, os tributos e outros aspectos jurídicos aplicáveis ao ambiente de negócios também são fatores a serem considerados, porém tudo isso só vem a influenciar diretamente o comportamento do consumidor que, cada vez mais, tem novas alternativas, novos produtos e serviços, o que acaba por torná-lo cada vez mais exigente.

Se realmente não temos outra alternativa a não ser buscar a satisfação de nossos clientes, precisamos descobrir quais são os requisitos desejados, qual a percepção que eles têm sobre o que nós oferecemos, qual é o custo-benefício de nossos produtos e serviços e, principalmente, qual é o valor agregado pelos resultados obtidos com a compra e utilização desses produtos e serviços por nós oferecidos.

Temos um grande desafio! Para agregar valor ao que oferecemos, sejam produtos ou serviços, seja ainda a combinação de ambos, precisamos proporcionar algum valor aos nossos clientes. Para tanto, uma organização deve não só tentar descobrir qual é o foco do cliente, mas também concentrar-se neste foco. Talvez o leitor esteja se perguntando: como fazer isso? Será que isso é realmente necessário?

Respondemos que sim. Para definir uma estratégia, precisamos ter claramente definido um foco. E, se estamos buscando a competitividade, esse foco deve ser o do cliente. De nada adianta qualquer esforço que não seja em direção ao que o cliente gostaria de receber.

A Cadeia de Valor de uma Empresa

Michael Porter (1989) define "valor" como o montante que os compradores estão dispostos a pagar por aquilo que uma empresa ou indivíduo lhes fornece.

Porter também criou a concepção da **cadeia de valor**, tão disseminada nos dias atuais e que demonstra como uma organização deve identificar e gerenciar suas atividades, de modo que os resultados sejam alinhados com os objetivos estratégicos da organização.

Figura 1: A Cadeia de Valor, segundo Michael Porter (1989)

Infraestrutura da Empresa
Gerenciamento de Recursos Humanos
Desenvolvimento de Tecnologia
Aquisição de Insumos e Serviços
Logística Interna
Operações
Logística Externa
Marketing e Vendas
Assistência Técnica
Margem
Atividades
Apoio
Primárias

Dessa forma, uma vantagem competitiva não pode ser compreendida observando-se a empresa como um todo; devem ser identificadas também as atividades que poderão proporcionar a diferenciação desejada.

A figura 1 mostra como a cadeia de valor de uma empresa pode ser desagregada nas suas atividades de relevância, que poderão constituir relevância estratégica para uma potencial diferenciação.

Porter define que as atividades de valor podem ser divididas em dois tipos gerais:

Atividades primárias: envolvidas na criação física do produto e na sua venda e transferência para o comprador, bem como na assistência após a venda.

Atividades de apoio: sustentam as atividades primárias e a si mesmas, fornecendo insumos adquiridos, tecnologia, recursos humanos e várias funções no âmbito da empresa.

As atividades de valor são os blocos que, bem administrados, constituirão uma vantagem competitiva para a organização. No entanto, para efetuarmos uma correta análise, devemos considerar toda a cadeia de valor.

Resumindo, o modo como cada atividade de valor é executada determinará sua contribuição para as necessidades do cliente e, assim, para a diferenciação. Uma comparação das cadeias de valores dos concorrentes expõe as diferenças que determinam a vantagem competitiva.

Em Busca das Vantagens Competitivas

Se esta forma de gerenciar é, de fato, uma necessidade constante, o gestor deve buscar metodologias que, de alguma forma, permitam sistematicamente saber como o cliente está avaliando os resultados daquilo que está sendo oferecido e, mais do que isso, se está satisfeito ou não com o que está sendo oferecido.

Além disso, ele deve saber exatamente como está o desempenho de seus processos e atividades, visando a utilização racional dos recursos disponibilizados.

Nesse sentido, é necessário saber quais são as opções e as melhores práticas de gestão para que se possa definir e implementar um modelo que seja adequado ao tipo de negócio e que proporcione o gerenciamento dos resultados em busca da competitividade ou, sendo mais ousado, em busca da **excelência empresarial**.

Os Empreendedores

Esta situação de competitividade, ao mesmo tempo em que apresenta muitos riscos e incertezas, também proporciona grandes oportunidades. Com esta dimensão, os chamados empreendedores e gestores de negócios passam a ser os grandes agentes desse cenário em negócios já existentes, de sua propriedade ou não.

O mundo precisa cada vez mais de pessoas empreendedoras, que sejam os agentes de mudanças dentro e fora das organizações. Esses agentes têm um papel importante quando criam novos negócios, pois, além de atenderem às necessidades dos clientes, por meio dos produtos e serviços oferecidos, geram novos empregos e novas oportunidades para outros empreendedores.

Na verdade, são esses empreendedores que, por meio de sua perseverança, criatividade e percepção de mercado, criam novos produtos e serviços, buscando agregar valor para o cliente. Isso pode ocorrer não necessariamente pensando apenas em novos negócios, mas também nos negócios já existentes que, de alguma forma, recebem algum redirecionamento em busca de novas opções de produtos e serviços.

Buscar novas técnicas de gestão para a melhoria do desempenho da organização constitui tarefa importante para os empreendedores internos.

A proposta deste livro é estabelecer aos leitores que se tornem empreendedores dos conceitos da qualidade, dentro das organizações, em busca da **excelência empresarial**.

Por que qualidade? Parece um conceito tão antigo! Será que ainda há espaço para empreendermos nesse segmento?

Respondemos a essas perguntas afirmando que qualidade é, sim, um conceito antigo, tão antigo quanto o conceito de comércio e que pode ter várias definições, dependendo da referência utilizada. Desde os primórdios, o conceito de qualidade sempre foi largamente utilizado e hoje continua sendo a principal referência quando se pretende definir o conceito de valor agregado para os produtos e serviços oferecidos pelas organizações.

Existe, sim, um espaço muito grande para empreendermos nessa área de conhecimento, pois as empresas precisam incessantemente se preocupar com os seus resultados, não só financeiros como também os advindos da percepção que seus clientes têm com relação àquilo que recebem, sejam estes resultados um produto, serviço ou a combinação de um produto e um serviço.

A competitividade faz com que os clientes, a todo o momento, analisem o custo-benefício daquilo que compram, avaliando a qualidade recebida e a comparando com o preço pago, obtendo-se como resultado, a percepção ou não de algum valor agregado.

Um Convite!

Dessa forma, convidamos o leitor a buscar neste livro não só a conceituação, mas também a orientação sobre as sistemáticas para a implementação da gestão da qualidade nas empresas e a se tornar o empreendedor destes conceitos em suas organizações.

O Que Veremos no Próximo Capítulo...

No Capítulo 1 apresentaremos as etapas para a elaboração de um planejamento estratégico e a metodologia *Balanced Scorecard*, demonstrando sua contribuição para os resultados das estratégias da organização.

CAPÍTULO 1

Estratégia e *Balanced Scorecard*: Alinhando as Iniciativas em Busca da Excelência

Em busca da competitividade, organizações dos mais diversos segmentos procuram adequar suas potencialidades visando atender às necessidades de seus clientes.

Compete aos seus gestores não só desenvolverem o planejamento estratégico dessas organizações, como também terem um pensamento estratégico, pois só assim poderão tomar as decisões mais adequadas diante das oportunidades e ameaças oferecidas pelo mercado.

Estratégia e Proposta de Valor

Definir a estratégia empresarial talvez seja o principal desafio para uma organização. É necessário definir o propósito e o alcance pretendidos pela organização em termos de mercado e de produto. A **missão** da empresa define não somente isso, mas também o porquê da existência da empresa.

É claro que, por mais que a organização tenha essas informações muito bem delineadas, será necessária uma clareza em relação a metas e os objetivos a serem alcançados.

A **visão** da empresa define aonde se quer chegar, ou seja, foca o futuro. Os recursos internos, capacidades e competências essenciais deverão ser alavancados visando atender aos objetivos da organização.

O cumprimento dos objetivos faz com que tanto a missão quanto a visão sejam convertidas em resultados desejados. Para o monitoramento do cumprimento desses objetivos são necessários indicadores de desempenho quantificáveis que possibilitam, ao longo do tempo, avaliar se a estratégia está sendo realizada por meio dos objetivos estabelecidos ou não.

O planejamento estratégico pode ser desdobrado em três níveis: estratégico, tático e operacional. O que muda em relação a cada nível é o seu conteúdo e tempo para a realização. Quando se trata do planejamento estratégico, define-se um conteúdo detalhado e um prazo longo para o seu cumprimento.

No caso do planejamento tático, esperam-se resultados em médio prazo e o conteúdo procura trazer informações relevantes para a realização do plano estratégico. Já no caso do planejamento operacional, espera-se a realização em curto prazo e o seu conteúdo deve ser o mais genérico e sintético possível.

Pode-se afirmar que quanto maior o nível de responsabilidade e decisão, maior será a incerteza do planejamento desenvolvido, maior será o prazo para o cumprimento, maior será a abrangência do plano. Os riscos na execução também serão maiores e os impactos de qualquer alteração ou mudança de rumo também serão mais relevantes.

A figura 1.1 ilustra esta afirmação:

Figura 1.1: Níveis de Responsabilidade e Decisão

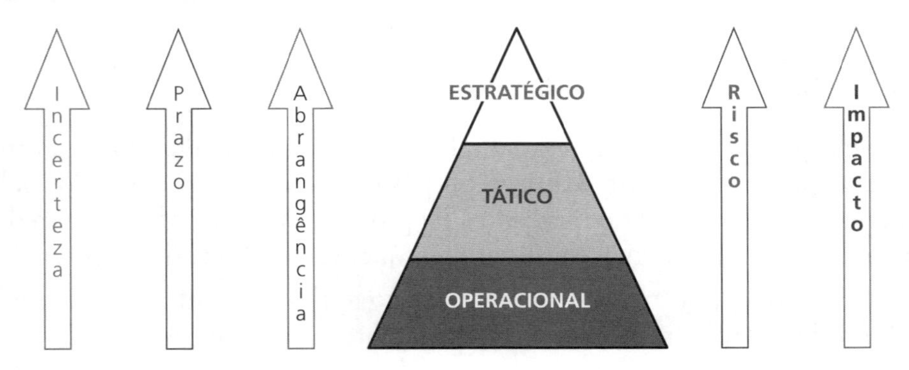

A formulação da estratégia deverá levar em conta, em um primeiro momento, a definição do negócio com o detalhamento dos produtos e serviços a serem oferecidos, levantamento das necessidades dos clientes que deverão ser atendidas e de que forma os processos da organização serão realizados para esse atendimento. Nota-se que para a elaboração de um bom planejamento estratégico faz-se necessária uma análise detalhada de todos os fatores que possam influenciar direta ou indiretamente, o bom andamento da realização da estratégia.

A Análise Estratégica Baseada no Modelo de Porter

Conforme Porter (1986), a essência da formulação de uma estratégia competitiva é relacionar uma companhia ao seu meio ambiente. Embora o meio ambiente relevante seja muito amplo, abrangendo tanto forças sociais, quanto econômicas, o aspecto principal do meio ambiente da empresa é o segmento ou segmentos onde ela compete. As forças externas à organização são significativas, principalmente em sentido relativo. Uma vez que as forças externas em geral afetam todas as organizações, o ponto crucial encontra-se nas diferentes habilidades das empresas em lidar com essas forças.

O conjunto das forças competitivas em um segmento determina até que ponto as empresas conseguirão manter o seu desempenho, visando o atendimento aos seus objetivos.

As cinco forças competitivas – entrada, ameaça de substituição, poder de negociação dos compradores, poder de negociação dos fornecedores e rivalidade entre os atuais concorrentes – refletem o fato de que a concorrência em um único segmento não está limitada aos participantes estabelecidos. Clientes, fornecedores, substitutos e os entrantes potenciais são todos concorrentes para as empresas de um determinado segmento, podendo ter maior ou menor importância, dependendo das circunstâncias particulares. A figura 1.2 mostra a interação entre as cinco forças:

Figura 1.2: Modelo das Cinco Forças, segundo Porter

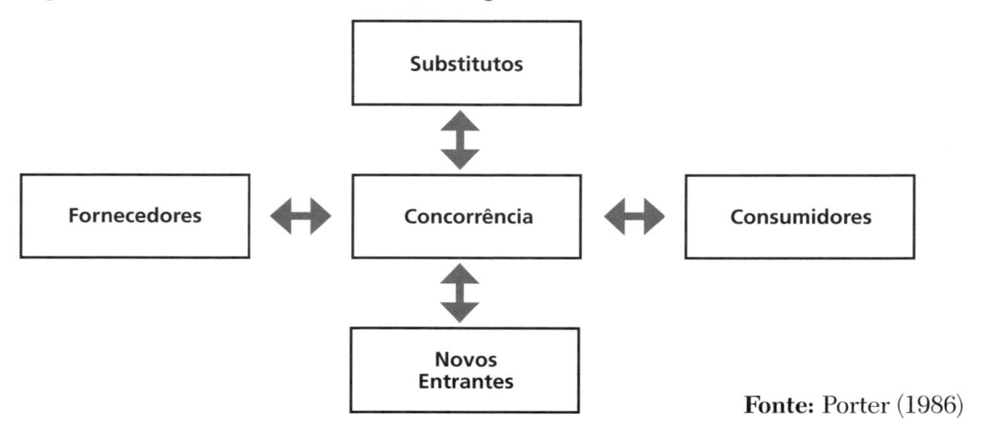

Fonte: Porter (1986)

As cinco forças competitivas em conjunto determinam a intensidade da concorrência e, consequentemente, as forças que forem mais acentuadas influenciarão de forma mais acentuada a formulação da estratégia.

As Cinco Forças

Novos Entrantes

Novas empresas que entram para um determinado segmento trazem nova capacidade, o desejo de conquistar uma fatia do mercado existente e, com certa frequência, recursos substanciais. A ameaça de entrada depende das barreiras de entrada existentes junto à reação que o novo concorrente pode esperar da parte dos concorrentes já existentes.

Segundo Porter (1986), existem sete fontes de barreiras de entrada:

Economia de escala – refere-se aos declínios nos custos unitários do produto à medida que o volume absoluto ou demanda por período aumenta.

Diferenciação do produto – significa que as empresas estabelecidas têm sua marca identificada e desenvolvem um sentimento de lealdade em seus clientes, originado do esforço passado de publicidade, do serviço ao consumidor, das diferenças dos produtos, ou simplesmente por terem entrado primeiro no segmento.

Necessidades de capital – a necessidade de grandes investimentos para competir cria uma barreira de entrada, principalmente se o capital necessário for utilizado para atividades arriscadas e irrecuperáveis, como a publicidade inicial ou para pesquisa e desenvolvimento. O capital também pode ser necessário para as instalações da produção, crédito ao consumidor, estoques, ou para cobertura dos investimentos iniciais.

Custos de mudança – esses são os custos que o comprador se defronta quando muda de um fornecedor de produto para outro. Podem incluir custos com treinamento, com a compra de equipamentos auxiliares necessários, novos projetos, necessidade de assistência técnica, entre outros.

Acesso aos canais de distribuição – a necessidade de assegurar a distribuição para seu produto pode ser uma barreira de entrada ao novo entrante.

Desvantagens de custo independentes de escala – as empresas já estabelecidas podem ter vantagens de custos impossíveis de serem igualadas pelos entrantes potenciais, independentemente do tamanho e economia de escala obtida.

Política governamental – o governo pode limitar ou mesmo impedir a entrada em segmentos com controles, como licenças de funcionamento e limites ao acesso a matérias-primas.

Rivalidade entre os Concorrentes Existentes

A forma mais corriqueira de disputa por posição no mercado é pela rivalidade entre concorrentes. Essa rivalidade ocorre porque um ou mais concorrentes se sentem pressionados ou percebem uma oportunidade de melhorar sua posição no mercado.

Pressão dos Produtos Substitutos

Se considerarmos um sentido mais amplo, todas as empresas em um segmento estão competindo com outros segmentos que estão produzindo produtos substitutos. Quanto mais atrativa for a alternativa de custo-benefício oferecida pelos produtos substitutos, maior será a pressão sobre as empresas e seus produtos já existentes.

Poder de Negociação dos Compradores

Os compradores forçam os preços para baixo, negociando sempre por melhor qualidade ou mais serviços e forçando os concorrentes a reverem seus custos, de tal forma a se manterem competitivos.

Poder de Negociação dos Fornecedores

O poder de negociação dos fornecedores se fortalece à medida que eles ameaçam elevar os preços ou reduzir a qualidade dos bens e serviços fornecidos. Fornecedores poderosos e detentores de determinada tecnologia, com poucos concorrentes, podem estabelecer parâmetros ao mercado que poderão dificultar a rentabilidade de um negócio.

Conhecendo as forças competitivas e as possibilidades e intensidades de influência sobre o negócio com seus produtos e serviços, pode-se utilizar a análise de SWOT para a elaboração de uma estrutura de informações que possibilite à organização uma melhor visualização de suas necessidades e dos riscos existentes para que seja competitiva no mercado.

Análise dos Fatores Internos e Externos – Análise SWOT

A avaliação global das forças, fraquezas, oportunidades e ameaças é denominada análise SWOT (dos termos em inglês *strengths, weaknesses, opportunities, threats*). Essa análise envolve o monitoramento dos ambientes externo e interno de uma organização.

A figura 1.3 apresenta um esquema da análise SWOT:

Figura 1.3: Análise de SWOT

Forças *Strength*	**Fraquezas** *Weakness*
Oportunidades *Opportunities*	**Ameaças** *Threats*

Fonte: Adaptado de Kotler e Keller (2006)

Análise do Ambiente Externo (Oportunidades e Ameaças)

As organizações devem monitorar as forças macroambientais (econômicas, demográficas, tecnológicas, político-legais e socioculturais) e os agentes microambientais (clientes, concorrentes, distribuidores, fornecedores), pois afetam sua capacidade de obter os resultados desejados.

As oportunidades estão relacionadas às variáveis que fogem ao controle da organização. Normalmente, são fatores externos que influenciam ou podem influenciar direta ou indiretamente os resultados da empresa. Da mesma forma que os agentes externos podem se transformar em um risco, podem também oferecer novas oportunidades de mercado para organização.

Análise do Ambiente Interno (Forças e Fraquezas)

De nada adianta perceber uma nova oportunidade de mercado e não possuir capacidade para tirar o melhor proveito delas. Cada organização deve avaliar periodicamente suas forças e fraquezas internas. É claro que a organização dificilmente conseguirá corrigir todas as suas fraquezas e nem tão pouco se manter para sempre, utilizando suas forças como vantagem competitiva. O fundamental é que a organização utilize esse mecanismo para acompanhar constantemente as oportunidades e procurar desenvolver suas forças, de tal forma a estar preparada para lançar produtos e serviços que possam atender às novas necessidades do mercado.

A estratégia vista como um processo é observada na figura 1.4:

Figura 1.4: Estratégia como Processo

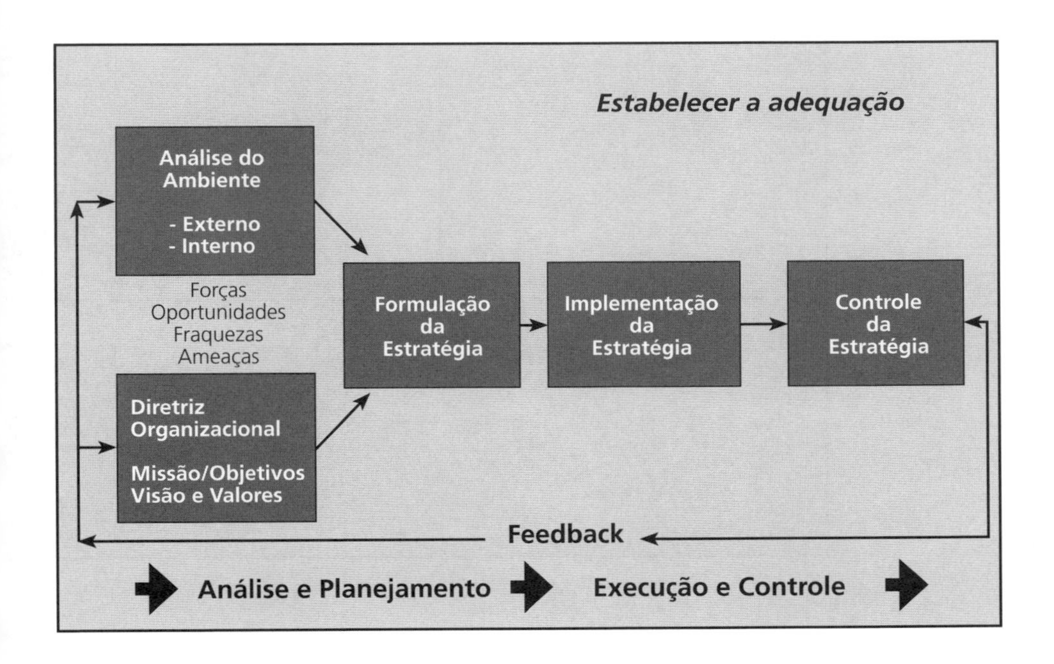

Fonte: Certo & Peter (2005)

Observa-se que, após a definição da diretriz organizacional com a missão, visão, valores e objetivos e a realização de uma análise do ambiente tanto interno como externo, faz-se necessária a definição e formulação da estratégia da organização.

Estratégias Genéricas segundo Porter

Porter (1986) destaca que após a análise dos ambientes interno e externo, a organização pode adotar três abordagens estratégicas genéricas para superar as outras empresas concorrentes. A figura 1.5 ilustra as estratégias propostas por Porter:

Figura 1.5: Três Estratégias Genéricas

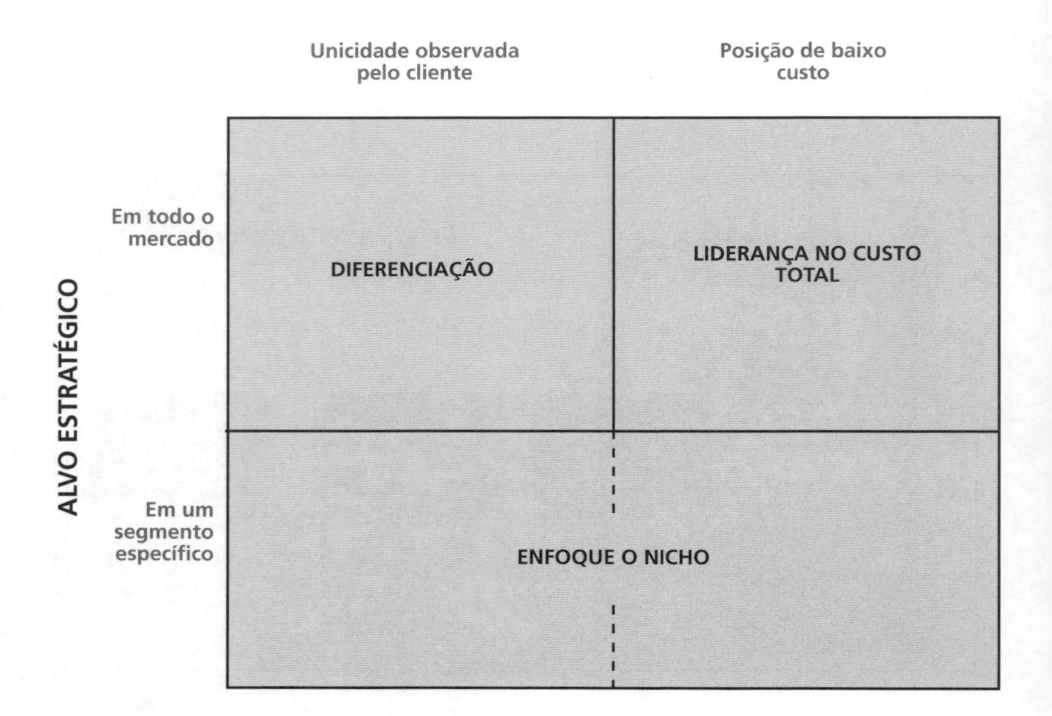

Fonte: Porter (1986)

Liderança no Custo Total – a estratégia genérica de custos estabelece um conjunto de políticas funcionais orientadas para o objetivo principal: ter um custo altamente competitivo. Para tanto, a organização deverá buscar reduzir seus custos de operação pela combinação adequada entre a estrutura de seus produtos, a demanda de mercado para esses produtos e os fatores de produção.

Diferenciação – a estratégia genérica de diferenciação consiste em diferenciar o produto ou o serviço oferecido por uma organização, criando algo que seja considerado único no âmbito do mercado de atuação. Esse tipo de estratégia pode trazer uma vantagem competitiva para a organização, enquanto não houver imitação por parte da concorrência.

Enfoque ou Nicho – a estratégia genérica de nicho se baseia no enfoque de um determinado grupo comprador, oferecendo um segmento ou uma linha de produtos. Embora as estratégias de baixo custo e de diferenciação tenham o intuito de atingir os seus objetivos no âmbito do mercado, toda estratégia de nicho visa atender muito bem ao público determinado, e cada parte da operação é desenvolvida visando atender a essa proposta.

Após definir a estratégia a ser utilizada, a organização deverá se preocupar com a implementação da estratégia.

A Implementação da Estratégia utilizando o *Balanced Scorecard*

Como alinhar as iniciativas gerenciais em busca dos resultados esperados?

A grande dificuldade para o gestor é conseguir alinhar todas as suas iniciativas para a adequada implementação das estratégias da organização. Realmente, se não existir um alinhamento entre as ações, corremos o risco de não obter os resultados desejados.

Elaborar um planejamento estratégico requer o direcionamento dos esforços para que os recursos sejam otimizados em busca de resultados. Para a monitoração destes resultados devemos definir indicadores para que, periodicamente, a alta direção tenha condições de verificar em que estágio se encontra a implementação da estratégia.

O maior problema para o gestor é traduzir a estratégia em resultado. (o autor)

Para a implementação das estratégias, as organizações precisam definir os padrões de eficiência operacional e realizar o devido acompanhamento do desempenho desta implementação.

O *Balanced Scorecard* mede a eficiência operacional da estratégia adotada. Dessa forma, apresenta-se como uma metodologia importante para as organizações que necessitam melhorar a avaliação do desempenho empresarial.

Na era industrial, a mensuração realizada para avaliar o desempenho das organizações era exclusivamente contábil-financeira. Na era da informação, em um cenário turbulento, com um mercado altamente competitivo e constantes mudanças tecnológicas, o *Balanced Scorecard* surge como uma alternativa interessante para a mensuração dos resultados.

Conforme Kaplan & Norton, as empresas da era da informação serão bem-sucedidas se investirem e gerenciarem seus ativos intelectuais. De nada adianta a especialização funcional se as empresas não estiverem integradas aos processos de negócios baseados no cliente.

A inovação passa a ser um objetivo constante em busca da excelência empresarial, porém, para que isso ocorra, é preciso promover a atualização dos funcionários, as tecnologias deverão ser constantemente atualizadas e os procedimentos organizacionais estrategicamente alinhados.

O *Balanced Scorecard* surge como uma alternativa, pois é um sistema de avaliação de desempenho empresarial que reconhece que os indicadores financeiros não são suficientes porque só mostram os resultados dos investimentos e das atividades, não contemplando os impulsionadores de rentabilidade de longo prazo.

Para complementar as medições financeiras, o *Balanced Scorecard* estabelece avaliações sobre o cliente, identifica os processos internos que devem ser aprimorados e analisa as possibilidades de aprendizado e crescimento, como os investimentos em recursos humanos, sistemas e capacitação que poderão mudar e melhorar o desempenho das atividades da organização.

A semelhança do *Balanced Scorecard* com os sistemas de gestão da qualidade, gestão ambiental e da saúde e segurança no trabalho, que serão apresentados neste livro, está no fato de que em todos estes modelos precisamos medir o desempenho.

Criando Valor

Na introdução, destacamos a importância da análise da cadeia de valor da empresa. O *Scorecard* descreve como os ativos tangíveis e intangíveis são mobilizados e alinhados para que diferenciais competitivos sejam estabelecidos.

Traduzir a missão em resultados almejados é o principal objetivo do *Balanced Scorecard*. Para tanto, ele implementa e gerencia a estratégia em todos os níveis. Dessa forma, cria um alinhamento da estratégia de longo prazo da organização, com as ações de curto prazo.

A figura 1.6, a seguir, demonstra como é realizada a tradução da missão em objetivos para toda a organização.

Figura 1.6: Traduzindo a Missão em Resultados Almejados

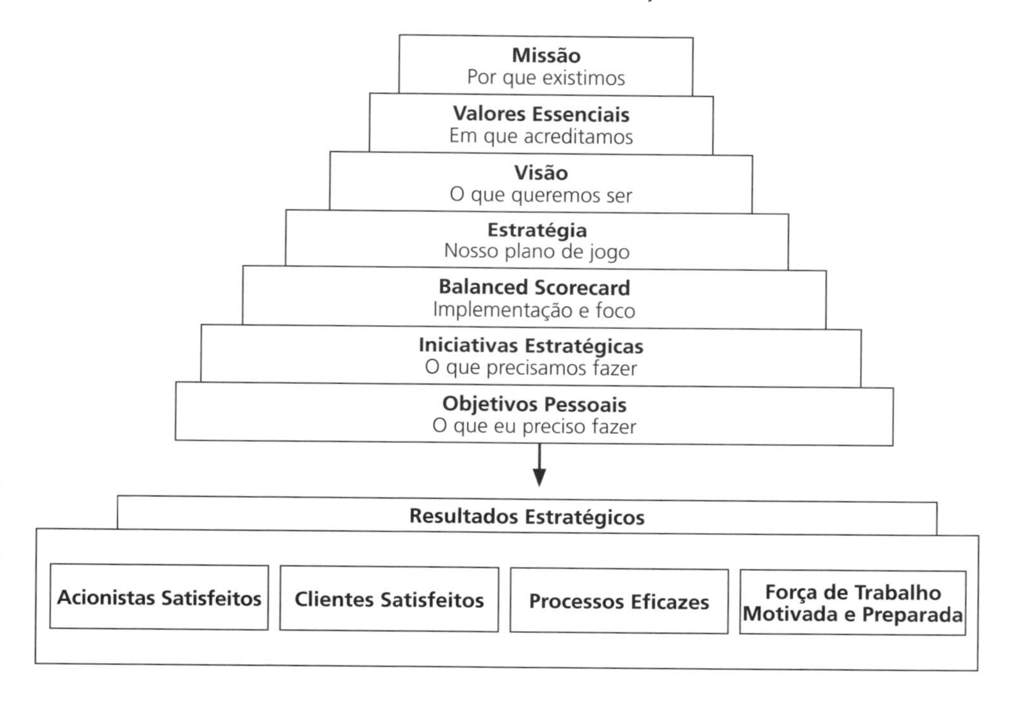

Fonte: Kaplan & Norton, 2000, p. 85

A metodologia estabelece uma relação causa e efeito entre as quatro perspectivas: financeira, do cliente, processos internos e aprendizado e crescimento.

Para cada perspectiva são definidos objetivos, indicadores para a medição do desempenho e metas a serem atingidas. Com base na análise de desempenho dos indicadores, são tomadas as iniciativas que visam o atendimento dos objetivos estabelecidos.

No caso do *Balanced Scorecard*, é possível visualizar o reflexo das ações por causa da relação direta entre as perspectivas.

A figura 1.7 demonstra a relação de causa e efeito entre as quatro perspectivas para a implementação da estratégia:

Figura 1.7: Definindo as Relações de Causa e Efeito do BSC

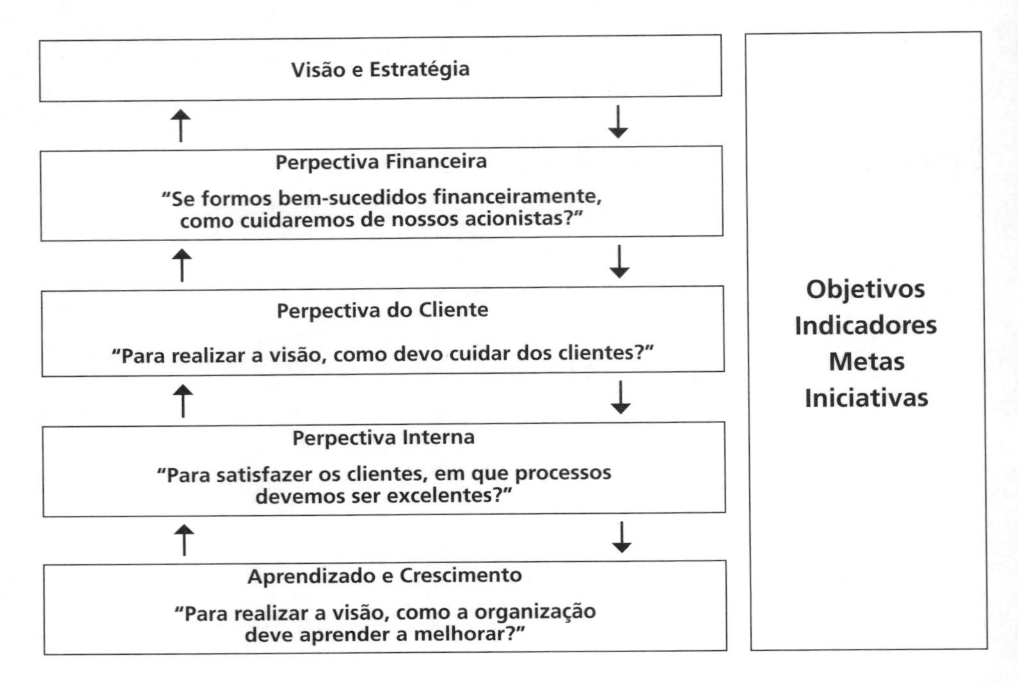

(**Adaptado** de Kaplan & Norton, 2000, p. 89)

O Conceito do *Balanced Scorecard* (BSC) por Kaplan e Norton

O BSC Coloca a Visão em Movimento

"A visão cria a imagem do destino, a estratégia define a lógica de concretização da visão. Os mapas estratégicos e o BSC fornecem as ferramentas para traduzir as declarações estratégicas genéricas em hipóteses, objetivos, indicadores e metas específicas."

O BSC Conta a História da Estratégia

"O *Scorecard* deve contar a história da estratégia, começando pelos objetivos financeiros de longo prazo e relacionando-os depois à sequência de ações que precisam ser tomadas em relação aos processos financeiros, dos clientes, dos processos internos e, por fim, dos funcionários e sistemas, a fim de que, em longo prazo, seja produzido o desempenho econômico desejado."

O BSC Cria a Consciência Estratégica nos Colaboradores

"As organizações focalizadas na estratégia exigem que todos os empregados compreendam a estratégia e conduzam suas tarefas cotidianas de modo a contribuírem para o êxito da estratégia."

O BSC Explicita o Destino Estratégico da Organização

"O processo de desenvolvimento do BSC dá à organização, normalmente pela primeira vez, uma clara visão do futuro e do caminho para chegar lá. Além de produzir e desenvolver um roteiro organizacional que viabiliza a sua visão, o processo de desenvolvimento do *Scorecard* capta energia e o comprometimento de toda a equipe da alta administração."

O BSC Estimula o Diálogo na Organização

"O *Scorecard* incentiva o diálogo entre as unidades de negócios e os executivos diretores da empresa, não apenas com relação aos objetivos financeiros de longo prazo, mas também com relação à formulação e implementação de uma estratégia destinada a produzir um desempenho excepcional no futuro."

Entendendo as Perspectivas

1. Perspectiva Financeira

As medidas financeiras apontam as consequências econômicas imediatas de ações implementadas. Dessa forma, podemos visualizar se os resultados das ações estão contribuindo para a melhoria dos resultados financeiros da organização.

Os objetivos financeiros normalmente estão relacionados à lucratividade. Neste caso, as medidas mais utilizadas são a receita operacional, o retorno do capital empregado e o valor econômico agregado.

A figura 1.8 ilustra a concepção da perspectiva financeira:

Figura 1.8: A Perspectiva Financeira

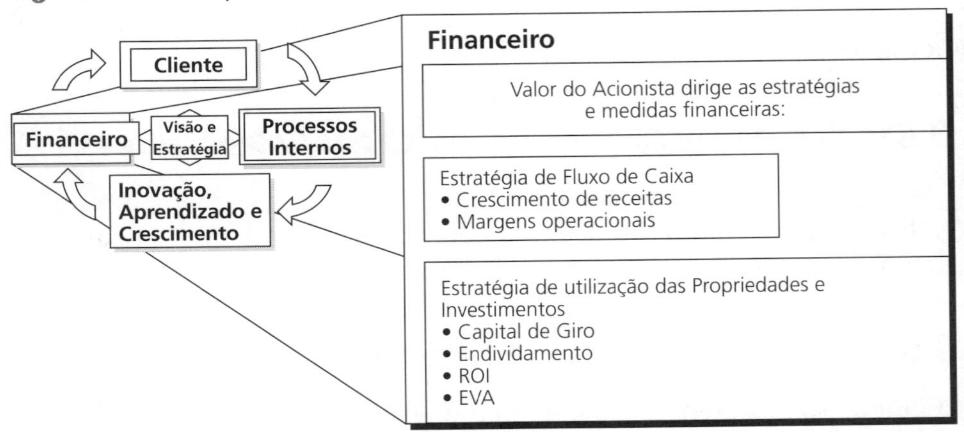

2. A Perspectiva do Cliente

Nesta perspectiva os gestores podem identificar os segmentos de clientes e mercados nos quais a unidade de negócios competirá e as medidas de desempenho da unidade de negócios nesses segmentos de clientes e mercados.

Para a medição desta perspectiva, normalmente, são utilizados os resultados da avaliação da satisfação dos clientes, a retenção de clientes, a aquisição de novos clientes e a lucratividade destes.

Segundo Herrero (2005), esta perspectiva procura identificar qual é o valor do cliente para uma determinada empresa. O valor do cliente, apesar da dificuldade de mensuração, pode ser obtido a partir de seus dois componentes:

- o valor vitalício de um cliente (*lifetime value*), segundo a perspectiva da empresa;
- o valor percebido pelo cliente em seu relacionamento com a organização.

A perspectiva do cliente também deve levar em conta medidas específicas das propostas de valor para os seus clientes. Este aspecto é importante, pois identificando os valores dos clientes será mais fácil a manutenção e a fidelização deles.

Para as empresas que possuem um sistema de gestão da qualidade certificado pela norma ISO 9001, a definição de objetivos, indicadores e metas para esta perspectiva ficará mais fácil, já que esta norma tem como foco principal a satisfação dos clientes.

A figura 1.9 ilustra a perspectiva do cliente:

Figura 1.9: A Perspectiva dos Clientes

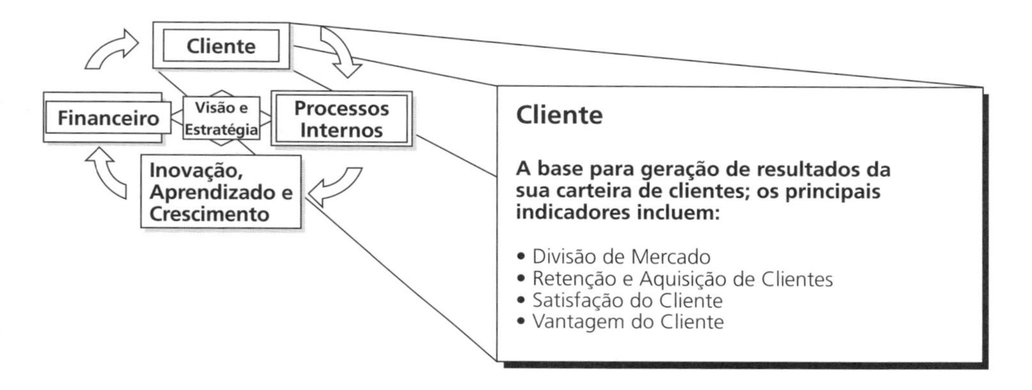

3. Perspectiva dos Processos Internos

Nesta perspectiva podemos identificar quais são os processos críticos que deverão buscar a excelência de desempenho.

Os processos devem gerar valor de maneira que sejam capazes de atrair e reter clientes. Isto será traduzido em retornos financeiros, o que deixará os acionistas satisfeitos.

As empresas que possuem um sistema de gestão da qualidade certificado pela norma ISO 9001 já realizam o monitoramento, buscando a melhoria dos processos existentes.

O ciclo PDCA pode ser utilizado também para a implementação do BSC:

(P) Planejar

- Planeje antes de implementar a iniciativa;
- Analise o impacto da iniciativa nos objetivos estratégicos;
- Preveja os diferentes resultados que a iniciativa pode gerar.

(D) Desenvolver

- Use a disciplina da execução para introduzir as iniciativas estratégicas;
- Focalize a execução nas iniciativas que geram maior impacto nos resultados;

- Verifique se as pessoas têm as competências para realizar a execução.

(C) **Controlar**

- Analise se o resultado esperado ocorreu;
- Verifique a consistência das premissas estratégicas com os resultados obtidos;
- Identifique necessidades de educação e treinamento dos colaboradores.

(A) **Agir**

- Promova a melhoria contínua se os resultados planejados foram atingidos;
- Use o aprendizado com a execução para buscar novas iniciativas que atinjam os objetivos estratégicos.

A abordagem do *Scorecard* busca a identificação de processos inteiramente novos, nos quais a organização deve atingir a excelência para alcançar os objetivos financeiros e dos clientes.

Dessa forma, os objetivos dos processos internos destacam os processos que, muitas vezes, não estão sendo executados e que são críticos para o sucesso da estratégia da organização. Este processo de inovação é extremamente importante para o sucesso de longo prazo.

A figura 1.10 demonstra a perspectiva dos processos internos:

Figura 1.10: A Perspectiva dos Processos Internos

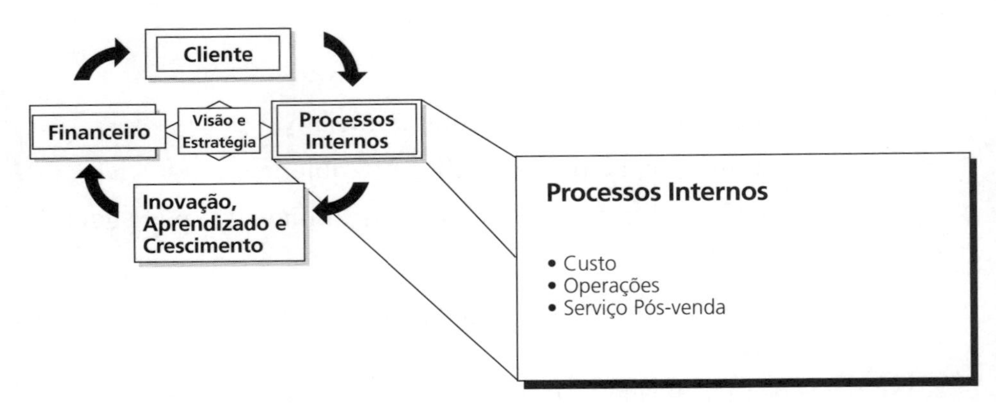

4. A Perspectiva do Aprendizado e Crescimento

Esta perspectiva identifica a infraestrutura que a empresa deve construir para gerar crescimento e melhoria de longo prazo. A competitividade exige que as empresas busquem a melhoria constante de sua capacidade para oferecer valor aos clientes e acionistas.

As principais fontes de aprendizado e crescimento organizacionais são as seguintes: pessoas, sistemas e procedimentos organizacionais.

As três perspectivas apresentadas anteriormente revelam as lacunas entre as capacidades atuais das pessoas, sistemas e procedimentos e o que será necessário para alcançar um desempenho inovador.

Para a medição nesta perspectiva, deverão ser utilizados resultados combinados para as fontes de aprendizado e crescimento.

No caso dos funcionários, identificar a sua satisfação, a retenção dos talentos, os treinamentos realizados e as habilidades pessoais. Esta perspectiva tem por objetivo avaliar qual é o valor do empregado para a empresa em três níveis de contribuição: como indivíduo, como membro de uma equipe de trabalho ou como alguém integrado à cultura organizacional.

As medidas de procedimentos organizacionais podem examinar se os incentivos aos funcionários estão alinhados com as estratégias da organização e se os índices de melhoria dos processos internos considerados críticos para a organização estão voltados para os clientes.

A figura 1.11 apresenta uma visão da perspectiva:

Figura 1.11: A Perspectiva de Inovação, Aprendizado e Crescimento

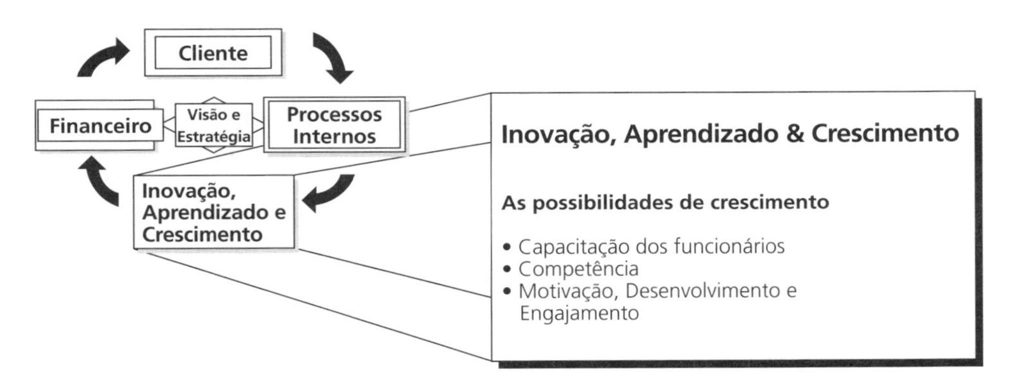

É a perspectiva de aprendizado e crescimento que torna possível a integração dos ativos intangíveis da organização com os ativos financeiros que, em conjunto, são as atividades criadoras de valor para a empresa.

Também permite demonstrar grande integração existente entre o BSC e a Gestão do Conhecimento das empresas. O maior desafio das organizações é transformar o capital humano em capital estrutural e consequentemente em capital financeiro.

Para os sistemas de informação podemos utilizar a disponibilidade em tempo real para os funcionários tomarem as decisões necessárias e a relevância das informações sobre os clientes e processos internos.

Nos projetos de BSC, o capital da informação pode contribuir das seguintes maneiras:

- na melhoria contínua da eficiência dos processos e das operações empresariais;
- na entrega de proposta de valor para os clientes;
- na gestão do relacionamento com os clientes;
- na gestão da cadeia de suprimentos;
- reduzindo os custos da cadeia de valor;
- facilitando e melhorando a comunicação entre os colaboradores, clientes, fornecedores e parceiros de uma empresa;
- como apoio para a inovação e no desenvolvimento de novos produtos e serviços;
- como um facilitador dos processos de aprendizagem da equipe de colaboradores;
- implementando melhorias no processo de tomada de decisões da alta direção de uma organização;
- gerando e disponibilizando informações para a mensuração da performance nas quatro perspectivas de valor.

É fundamental destacarmos que a tecnologia da informação só produzirá resultados se forem realizados investimentos na capacitação e na educação das pessoas.

Os Mapas Estratégicos

O mapa estratégico do *Balanced Scorecard* fornece um modelo que mostra como a estratégia liga os ativos intangíveis a processos que criam valor. A figura 1.12 demonstra um exemplo de mapa estratégico:

Figura 1.12: Mapa Estratégico

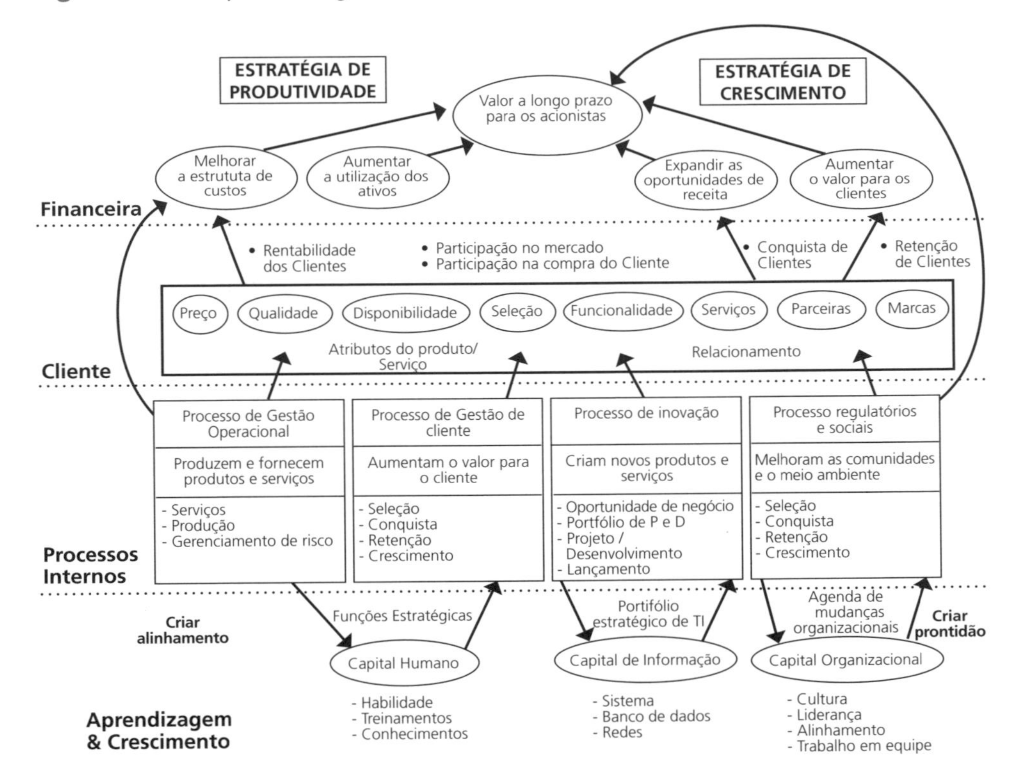

Fonte: Kaplan & Norton, 2004, p. 53

O mapa estratégico demonstra com clareza os objetivos dos processos internos críticos que criam valor e os ativos intangíveis necessários para respaldá-los.

Os objetivos serão traduzidos em indicadores e metas. Porém, os programas definidos pela organização deverão criar condições para que as metas de todos os indicadores sejam realizadas.

A organização deve fornecer os recursos necessários, pessoas, financiamento e capacidade para a adequada realização do programa. Os programas são denominados iniciativas estratégicas.

As Diferentes Funções do Mapa Estratégico segundo Kaplan e Norton

Mostrar o Destino Estratégico

"O mapa estratégico possibilita que uma organização descreva e ilustre, em linguagem clara e geral, seus objetivos, iniciativas e alvos; os indicadores utilizados para avaliar seu desempenho e as conexões, que são o fundamento da direção estratégica."

Destacar o Valor do Capital Intelectual

"O mapa estratégico, ajustado à estratégia específica da organização, descreve como os ativos intangíveis impulsionam melhorias de desempenho dos processos internos da organização, que exercem o máximo de incentivo no fornecimento de valor para os clientes, acionistas e comunidades."

Representar Visualmente a Estratégia

"O mapa estratégico é a representação visual da estratégia, mostrando numa única página como os objetivos nas quatro perspectivas se integram e se combinam para descrever a estratégia."

Ligar o Trabalho Individual à Estratégia

"Com o mapa estratégico, os empregados têm uma representação visual de como suas funções se conectam com os objetivos gerais da empresa, ao mesmo tempo em que os gerentes compreendem com mais clareza a estratégia e identificam os meios para detectar e corrigir os desvios de rumo."

Demonstrar o fluxo de valor

"Os objetivos nas quatro perspectivas são conectados uns com os outros por relações de causa e efeito. A partir do topo, parte-se da hipótese de que os resultados financeiros só serão alcançados se os clientes-alvo estiverem satisfeitos."

Reforçar a Importância do Conhecimento

"O fundamento de qualquer mapa estratégico é a perspectiva de aprendizado e crescimento, que define as competências e habilidades essenciais, as tecnologias e a cultura organizacional necessárias para suportar a estratégia da empresa."

Para o acompanhamento e a visualização dos objetivos e indicadores, para cada uma das perspectivas, são elaborados quadros gerais que levam em conta os objetivos do mapa estratégico.

A tabela 1.1 mostra um exemplo de um quadro geral de indicadores:

Tabela 1.1: Quadro Geral dos Indicadores

Perspectivas	Principais Objetivos	Indicadores
Crescimento Financeiro	- Retorno sobre o investimento - Rentabilidade - Liderança - Crescimento rentável	- ROE - Margem líquida - Custo por produto - Volume e Receita
Cliente	- Encantar os clientes - Revendedores lucrativos	- Fatias do mercado-alvo - Aumento do lucro
Processos Internos	- Produtos e serviços inovadores - Fornecedor competitivo - Qualidade e pontualidade	- Taxas de aceitação - Níveis de estoque - Pedidos perfeitos
Aprendizado e Crescimento	- Motivação de funcionários - Desenvolvimento de habilidades - Divulgação da estratégia	- Pesquisa interna - Disponibilidade de competências e informações

De maneira geral, o leitor pode entender como o *Balanced Scorecard* pode ser utilizado como uma metodologia a ser implementada em busca da excelência empresarial.

A integração das ações entre as perspectivas permite uma visão do desempenho global da organização, que está alinhada com os critérios de excelência do Prêmio Nacional da Qualidade que será apresentado no Capítulo 4 deste livro.

Os sistemas de gestão da qualidade, meio ambiente, saúde e segurança no trabalho, que serão apresentados neste livro, também contribuem bastante para a implementação do *Balanced Scorecard*, apesar de não serem pré-requisitos.

Os gestores devem entender que existem muitas possibilidades e estratégias a serem utilizadas. Compete a cada um escolher e adequar estas estratégias às necessidades de suas organizações.

O Que Veremos no Próximo Capítulo...

No Capítulo 2, apresentaremos uma análise dos principais aspectos a serem considerados pelas organizações na busca da excelência nos produtos e serviços, visando a satisfação dos clientes.

CAPÍTULO 2

A Busca da Excelência nos Produtos e Serviços

Desde os primórdios da humanidade sempre tivemos uma constante evolução no desenvolvimento dos produtos com base nas necessidades das pessoas, gerando as demandas que, de alguma forma, acabavam por incentivar a criação e o desenvolvimento de novos produtos.

Era assim desde a Idade da Pedra, quando o homem procurava criar e fabricar seus próprios utensílios de maneira a atender as suas necessidades. Naquela época, os sistemas de produção dependiam quase que exclusivamente da capacidade do homem em realizar as atividades necessárias para a produção. Esse sistema é classificado como artesanal, em que o realizador era o responsável pela seleção dos materiais necessários para a produção. Ele próprio produzia e inspecionava os produtos de seu trabalho.

Na Idade Média, os serviços de transporte de especiarias e tecidos através da Rota da Seda, que atravessava a Europa e o Oriente até a China, fizeram a riqueza de cidades como Veneza, chegando a ser a atividade econômica mais importante de países inteiros, como Portugal e Holanda com suas companhias de navegação.

A partir da primeira Revolução Industrial, no século XVIII, não só pela invenção das máquinas a vapor, mas principalmente pela sua utilização, entramos em uma nova fase, na qual os produtos passaram a ser produzidos em escala, o que nos proporcionou novas possibilidades em termos de demanda produzida e, o principal, com reprodutibilidade em relação ao produto inicial, garantindo que as características deste fossem mantidas durante toda a produção. Surge, então, o conceito de produção em massa, que ficou marcado pelo foco no produto e pelo desenvolvimento de toda a indústria automobilística utilizando os conceitos de linha de montagem.

Neste período, os conceitos da administração científica que tinham ênfase na eficiência dos processos e na economia de recursos foram utilizados pela indústria automobilística, mais precisamente por Henry Ford, que utilizou e disseminou os conceitos de linha de montagem móvel, especialização do trabalhador, sistema produtivo administrado de forma sistêmica, verticalização (controle de todos os fornecimentos) e de um produto para todos. Foi quando ficou conhecido pelo desenvolvimento do Ford Modelo "T".

Ao final dos anos 60, surgiu o conceito de produção enxuta proposto pela Toyota, em que os recursos operacionais utilizados são mínimos e os produtos são personalizados com alta qualidade e fabricados no menor tempo possível.

Para Slack *et al.* (2008), a sincronização enxuta tem o objetivo de realizar um fluxo de produtos e serviços que sempre entrega exatamente o que o cliente quer, nas quantidades exatas, precisamente quando necessário e onde solicitado, no menor custo possível.

Atualmente vivemos em um ambiente organizacional com alta tecnologia, no qual os ciclos de vida dos produtos estão cada vez mais curtos, os clientes, cada vez mais exigentes e as oportunidades, ainda menores, fazendo com que as pessoas exijam muito mais e as organizações sejam mais competitivas, visando conquistar mercados e clientes.

Pode-se dizer que houve uma mudança no foco da produção, que no passado se preocupava demais com a melhor maneira de produzir sem questionar se o produto final realmente atendia às necessidades dos clientes. Observa-se, hoje, uma total preocupação em primeiro saber o que o cliente gostaria de receber para depois, com base nas informações e necessidades, tentar transformá-las em requisitos e atributos para seus produtos e serviços.

Afinal de contas: o que os clientes querem?

Como clientes, respondemos:

- o melhor produto possível;
- pelo menor preço possível;
- com um serviço excelente.

As organizações precisam se estruturar de maneira diferente para oferecer estes benefícios. Para que se organizem adequadamente, devem entender as mudanças que estão ocorrendo a fim de direcionar as suas ações. Os conceitos de produção mudaram o foco da fábrica para o mercado.

A figura 2.1 apresenta o contraste entre os conceitos de produção:

Figura 2.1: Contraste entre os Conceitos de Production Out e Market in

PONTO DE PARTIDA	FOCO	MEIOS	FINS
FÁBRICA	PRODUTOS	VENDAS E PROMOÇÃO	LUCRO POR MEIO DO VOLUME DE VENDAS
PRODUCTION OUT			
MERCADO	PRODUTOS CUSTOMIZADOS	VENDAS PERSONALIZADAS	LUCRO POR MEIO DA SATISFAÇÃO DO CONSUMIDOR
MARKET IN			

Com a diminuição do prazo entre inovação e imitação, as organizações buscam atender às expectativas do mercado pela valorização do intangível.

Após a determinação da estratégia, as organizações devem buscar a definição de suas operações visando entregar ao cliente os resultados desejados de tal forma a cumprir com a proposta de valor de seus produtos e serviços.

Desta forma, podemos estabelecer cinco objetivos de desempenho para as organizações:

- **qualidade:** produtos e serviços conforme a especificação obtida a partir de processos com baixo índice de erros.
- **rapidez (velocidade):** produtos e serviços entregues com tempo reduzido a partir da realização de cada processo, dentro dos limites de tempo estabelecidos.

- **confiabilidade:** entrega de produtos e serviços confiáveis realizados por meio de operações confiáveis.
- **flexibilidade:** capacidade de ajustar os volumes e os prazos de entrega, com ampla variedade de produtos e serviços oferecidos, demonstrando habilidade para mudar.
- **custo:** oferecer produtos e serviços a preços baixos e competitivos por meio da alta produtividade total nas operações.

Independentemente do segmento de atuação, estes cinco fatores serão sempre decisivos para a manutenção da competitividade de uma organização.

Na sociedade pós-industrial, os serviços são a base das atividades e o importante passou a ser a informação. O processo de mudança sociotécnico e cultural afetou substancialmente o sistema de produção.

O sistema produtivo tem características comuns na produção de bens e serviços:

- **produção de bens:** indústria extrativa, indústria de transformação, construção civil, etc;
- **produção de serviços:** transporte, comércio atacadista e varejista, finanças, saúde, etc.

Porém, o que se observa é cada vez mais uma predominância de combinações entre produtos e serviços oferecendo aos clientes o principal: valor agregado.

A Importância dos Serviços

A participação do setor de serviços na economia vem aumentando nas últimas décadas. Esta evolução tem gerado uma participação crescente do setor de serviços no Produto Interno Bruto (PIB) mundial.

Este crescimento ocorre porque em diversos países o aumento da produtividade e da automação na agricultura e na indústria combinado à demanda crescente por serviços novos e tradicionais resultaram, em conjunto, no aumento contínuo da porcentagem de mão de obra empregada em serviços (Lovelock & Wirtz, 2006).

Para Corrêa e Caon (2002), o setor de serviços, além de ser responsável pela maior parcela do PIB mundial, apresenta-se, talvez, como a parcela mais dinâmica da economia, pois sua participação no PIB e o número de empregos no setor crescem a taxas mais elevadas do que nos demais setores econômicos. Os principais fatores responsáveis por esse dinamismo são de ordem político-social e tecnológica:

- urbanização, que torna necessários alguns serviços, como segurança e transporte urbano;
- mudanças demográficas, que aumentam a quantidade de crianças e/ou idosos os quais consomem mais intensamente uma maior variedade de serviços, como educação, entretenimento e saúde;
- mudanças socioeconômicas, como o aumento da participação da mulher no trabalho remunerado e pressões sobre o tempo pessoal, que criam a necessidade de serviços domésticos, transporte escolar dos filhos, creches e outros, prestados por terceiros;
- aumento da sofisticação dos consumidores, que leva a necessidades mais amplas de serviços, como acompanhamento psicológico, *personal trainers* e consultores de estilo;
- mudanças tecnológicas (como o avanço dos computadores e das telecomunicações), que têm aumentado a qualidade dos serviços ou ainda criado serviços completamente novos, como os bancos eletrônicos e as informações e serviços pela Internet, reservas e emissão de passagens aéreas, *download* (gravação, pela Internet) de músicas, jogos, livros, cursos de educação à distância, entre outros.

Para efeito de compatibilização internacional, a maior parte das estatísticas dos países, na atualidade, utiliza a classificação definida pela *Standard Industrial Classification* (SIC), formulada por um grupo de especialistas de vários países reunidos pela ONU, em 1968, para esse fim. Esta classificação considera quatro categorias de empresas de serviços (Kon, 2004):

- **serviços distributivos:** incluem a distribuição física de bens (comércio atacadista e varejista), a distribuição de pessoas e cargas (transportes) e a distribuição de informação (comunicação);

- **serviços sem fins lucrativos:** constituem serviços da administração pública e outras organizações, como sindicatos, templos religiosos, instituições assistenciais e clubes.
- **serviços às empresas:** constituídos por serviços intermediários para os demais setores, nos quais se incluem as atividades financeiras, serviços de assessoria legal, contábil, de informática e outras, e corretagem de imóveis.
- **serviços ao consumidor:** consistem em uma gama ampla de serviços sociais e pessoais oferecidos a um indivíduo, na maior parte para ressaltar a qualidade de vida, como os serviços de saúde, ensino, restaurantes, lazer e outros pessoais e familiares.

O Conceito de Serviço

Serviço é a atividade caracterizada pela execução de tarefas, consideradas estas independentemente dos itens aos quais se refiram. É o resultado de atividades de interface entre fornecedor (interno ou externo) que tem por finalidade satisfazer as necessidades dos clientes (Prazeres, 1996).

Para Las Casas (2006), serviços constituem uma transação realizada por uma empresa ou por um indivíduo, cujo objetivo não está associado à transferência de um bem.

Lovelock e Wright (2002) definem serviço como um ato ou desempenho que cria benefícios para clientes por meio de uma mudança desejada no (ou em nome do) destinatário do serviço.

Kotler e Keller (2006) definem serviço como qualquer ato ou desempenho, essencialmente intangível, que uma parte pode oferecer a outra e que não resulta na propriedade de nada. A execução de um serviço pode estar ou não ligada a um produto concreto.

Pode-se notar que as definições citadas possuem em comum o aspecto da intangibilidade. Na verdade, praticamente em tudo há serviço.

Corrêa e Corrêa (2005) destacam que atualmente são oferecidos pacotes de valor, gerados e entregues pelas operações, compostos de bens e serviços.

Desses pacotes de valor constam bens físicos e aspectos sem materialidade, também conceituados como serviços. A parcela de valor oferecido referente aos bens físicos e aos serviços varia conforme o negócio analisado. A figura 2.2 ilustra esta ideia.

Figura 2.2: Pacote de Valor Entregue ao Cliente Varia na Proporção entre Produtos Físicos e Serviços.

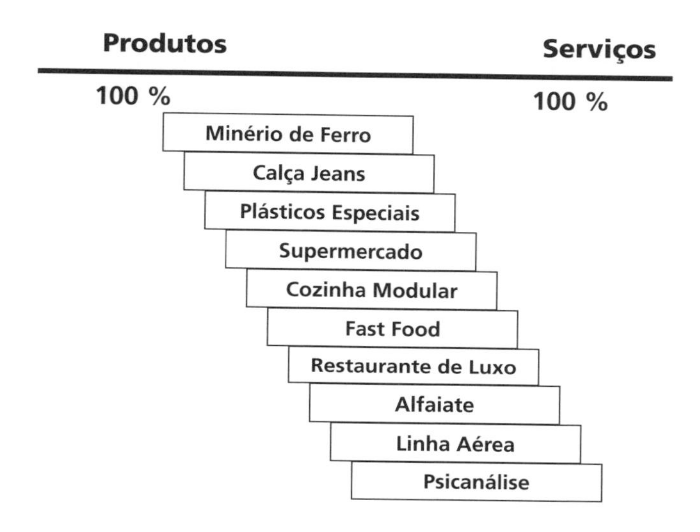

Fonte: Corrêa e Corrêa (2005)

Kotler e Keller (2006) apresentam cinco categorias do mix de serviços:

- **bem tangível:** a oferta consiste principalmente em um bem tangível, como sabão, creme dental ou sal. Não há nenhum tipo de serviço associado ao produto;
- **bem tangível associado a serviços:** a oferta consiste em um bem tangível associado a um ou mais serviços. Quanto mais tecnologicamente sofisticado for o produto (por exemplo, um computador), mais as suas vendas dependerão da qualidade e da disponibilidade de serviços ao consumidor (por exemplo, assistência técnica, instruções de uso, orientação de instalação e garantia);
- **híbrida:** a oferta consiste tanto em bens quanto em serviços. Por exemplo, as pessoas frequentam restaurantes pela comida e pelo serviço oferecido;
- **serviço principal associado a bens ou serviços secundários:** a oferta consiste em um serviço principal com serviços adicionais ou bens de apoio. Por exemplo, passageiros de companhias aéreas compram o serviço de transporte, mas estão incluídos na viagem alguns itens tangíveis, como comidas e be-

bidas, o canhoto da passagem e a revista de bordo. A execução do serviço em si requer a operação de um bem extremamente caro, uma aeronave, mas o item principal é o serviço;

- **serviço puro:** a oferta consiste essencialmente em um serviço. São exemplos os serviços de *baby sitter*, psicoterapia e massagem.

Os Clientes Compram Conceitos

Atualmente quando os clientes fazem uma compra, não estão simplesmente comprando um produto ou um serviço, estão comprando um conjunto de benefícios esperados para atender as suas necessidades e expectativas. Podemos chamar isto de conceito do produto ou serviço.

Conceitos Compreendem um Pacote de Produtos e Serviços

Normalmente, a palavra *produto* sugere um objeto físico tangível, como um computador ou um carro, e a palavra *serviço* significa uma experiência mais intangível, como um jantar em um restaurante ou um clube noturno.

Produtos x Serviços

Podemos fazer algumas comparações entre produtos e serviços sob alguns aspectos importantes. Se considerarmos o aspecto produção, podemos dizer que os produtos são produzidos e depois vendidos, já os serviços são vendidos e depois, produzidos.

Quando levamos em conta o objetivo, podemos dizer que o objetivo de um produto está relacionado à uniformidade das características apresentadas; já no caso do serviço, o seu principal objetivo é ser único.

Quanto à qualidade, normalmente o cliente alia a qualidade de um produto à sua marca, enquanto no serviço, alia a qualidade à empresa.

Voltando ao Conceito de Serviço

É a combinação dos resultados e experiências proporcionados ao cliente e recebidos por ele. Temos quatro elementos-chaves que devem ser cobertos por uma definição do conceito de serviço:

- **experiência do serviço:** experiência direta do processo de serviço pelo cliente; diz respeito à forma como o fornecedor de serviço lida com o cliente;
- **resultado do serviço:** o que o cliente recebe;
- **operação de serviço:** o modo como o serviço será entregue;
- **valor do serviço:** o benefício que os clientes percebem estar coerente com a ponderação do serviço em relação ao seu custo.

Sistemas de Operações de Serviços

Quando um cliente entra em contato com o processo de prestação de serviço, existe um grau de interação que varia de acordo com os aspectos da operação. Pode-se classificar essa interação da seguinte forma (Corrêa & Caon, 2002):

a) Atividades *front office* ou de "linha de frente" – são as atividades em que o contato com o cliente é alto.

b) Atividades *back office* ou de "retaguarda" – são as atividades que ocorrem sem contato com o cliente.

Figura 2.3: Atividades de Linha de Frente e de Retaguarda

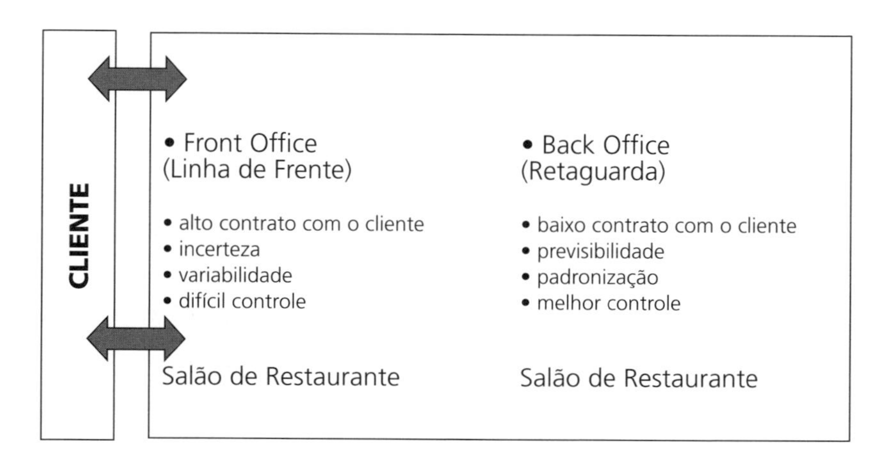

Fonte: Adaptado de Corrêa & Caon (2002)

Podemos dividir as operações de serviço em duas situações distintas: as chamadas atividades *front office*, ou linha de frente, e *back office (back room)* ou retaguarda.

É importante que se faça esta classificação para o entendimento das características de cada uma, pois são bastante distintas:

Front Office (**linha de frente**) – as principais características são as seguintes:

- alto contato com o cliente;
- incerteza;
- variabilidade;
- difícil controle.

Back Office (**retaguarda**) – as características principais são as seguintes:

- baixo contato com o cliente;
- previsibilidade;
- padronização;
- melhor controle.

Os autores Corrêa & Caon (2002) destacam as vantagens e as desvantagens de se deslocar a linha de visibilidade do cliente em relação às atividades de linha de frente e de retaguarda.

Se reduzirmos a área de contato entre atividades de linha de frente e o cliente temos:

Vantagens

- maior eficiência operacional;
- aumento do tempo da linha de frente para um melhor relacionamento;
- maior consistência de qualidade por uma possível automação;
- favorecimento na concorrência por preço;
- melhor discernimento exigido da força de trabalho.

Desvantagens

- menor possibilidade de venda cruzada;
- menor interação e relacionamento com clientes;
- imagem de serviço impessoal e padronizado;
- aumento da distância entre a gestão e o cliente.

Quando aumentamos a área de contato das atividades de linha de frente com o cliente temos:

Vantagens

- maior possibilidade de venda cruzada;
- maior interação e relacionamento com clientes;
- imagem de serviço pessoal e customizado;
- aumento da sensação de controle pelo cliente;
- relacionamento mais próximo.

Desvantagens:

- menor eficiência operacional;
- dispersão do *front office* com numerosas interações;
- menor consistência de qualidade;
- aumento da dependência da força de trabalho;
- maior discernimento exigido da força de trabalho.

Portanto, compete ao gestor escolher a melhor configuração levando em conta os prós e os contras de cada tipo de atividade de serviço.

Classificação dos Processos de Serviços

Os processos de serviços podem ser classificados de acordo com a quantidade de pessoas atendidas e o grau de intensidade da mão-de-obra, de interação e adaptação ao cliente. A figura 2.4 demonstra como podem se classificar os processos de serviços:

Figura 2.4: Classificação dos Processos de Serviço

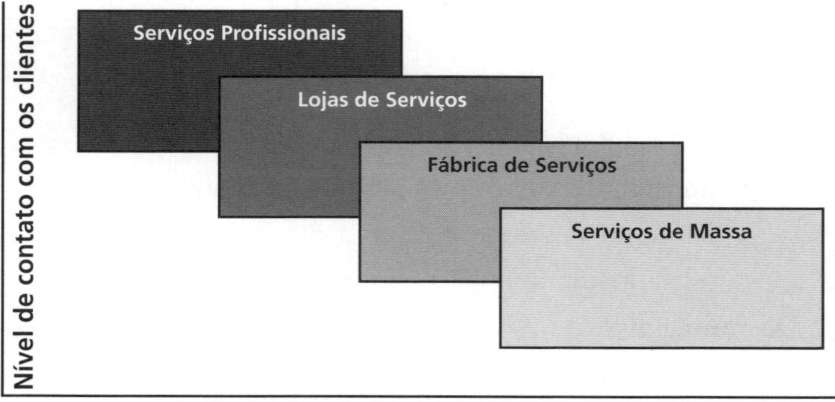

Fonte: Adaptado de Schmenner, 1999.

Serviços Profissionais

Estes são os serviços prestados de forma completamente customizada, personalizando o atendimento e o pacote de serviço às necessidades e desejos de cada cliente em particular sendo, para isso, forçados a atender a um número limitado de clientes por dia. Temos, então, uma alta intensidade de mão de obra e uma grande interação e adaptação ao cliente. Podemos destacar como exemplos os serviços de advogados, médicos, engenheiros e arquitetos.

Loja de Serviços

Esta é a classificação da maioria dos serviços. Nesta classe de serviços, observa-se uma baixa intensidade de mão de obra e uma grande interação e customização. Podemos citar como exemplos as lojas de varejo, os hotéis, restaurantes, companhias aéreas, entre outros.

Fábrica de Serviços

São os serviços que se encontram próximos à posição de volume correspondente ao dos serviços de massa, mas que, fazendo uso de tecnologias, criam no cliente, de forma automatizada, uma sensação de serviço customizado. Um exemplo são os sites de vendas pela Internet e os restaurantes do tipo *fast food*.

Serviços de Massa

Este tipo se caracteriza pelo grande número de clientes atendidos por dia em uma unidade típica, de forma padronizada, visando a ganhos de escala. As características principais deste tipo de serviço são a grande intensidade de mão de obra e pouca interação e adaptação ao cliente. Podemos apresentar como exemplos as escolas, o metrô, os serviços financeiros realizados pelos bancos de varejo, fornecedores de utilidades, como energia elétrica, água e gás, e os estádios de futebol, no entretenimento.

Pode-se fazer um comparativo entre as principais características destes tipos de serviços. O quadro apresentado na tabela 2.1 permite uma maior compreensão das características de cada tipo e suas principais diferenças:

Tabela 2.1: Comparativo de Serviços

	Serviços de Massa	Fábrica de Serviços	Loja de Serviços	Serviços Profissionais
Variedade	Limitada	Limitada	Diversificada	Diversificada
Serviços novos ou exclusivos introduzidos ou prestados	Experimentação limitada	Raros	Rotina	Rotina
Padrão do processo	Rígido	Rígido	Adaptável	Muito Flexível
Interação do cliente com o processo	Alguma	Pouca e rápida	Pode ser grande	Geralmente muito grande
Customização do serviço	Mínima	Mínima	Significativa	Significativa
Qualificação da mão de obra	Variável, porém o mais frequente é a qualificação menor	Geralmente qualificação menor	Alta qualificação	Altíssima qualificação

Fonte: Adaptado de Schmenner, 1999.

Características dos Serviços

Os serviços apresentam quatro características principais, que devem ser levadas em consideração pelas empresas ao elaborarem suas estratégias de atuação no mercado, sendo elas:

Intangibilidade: segundo Hoffman e Bateson (2003), uma característica peculiar dos serviços que os torna incapazes de serem tocados ou sentidos da mesma maneira que os bens físicos.

Para Kotler e Keller (2006), ao contrário dos produtos físicos, os serviços não podem ser vistos, sentidos, ouvidos, cheirados ou provados antes de adquiridos. Uma pessoa que se submete a uma cirurgia plástica no rosto não pode ver os resultados exatos antes da compra. Da mesma maneira, uma pessoa que passa a frequentar um psiquiatra não consegue saber o efeito exato do tratamento.

É por causa da intangibilidade dos serviços que as empresas encontram dificuldades em entender como os consumidores percebem seus serviços e avaliam a qualidade dos mesmos.

Heterogeneidade ou Variabilidade: Para Hoffman e Bateson (2003), é a característica peculiar dos serviços que reflete a variação de consistência de uma transação de serviço para a seguinte.

Os serviços têm características de heterogeneidade, porque o seu desempenho sofre influência tanto de aspectos técnicos (conhecimentos, habilidades e suporte material) quanto emocionais (condições e características psicológicas), pelo lado do prestador de serviço.

Para controlar a qualidade, Kotler e Keller (2006) propõem às empresas de prestação de serviços três providências:

- investir em bons processos de contratação e treinamento;
- padronizar o processo de execução do serviço em toda a organização;
- acompanhar a satisfação do cliente.

Inseparabilidade: é uma característica distinta de serviços que reflete as interconexões entre o provedor de serviços, o cliente envolvido no recebimento do serviço e outros clientes que compartilham a experiência do mesmo (Hoffman & Bateson, 2003).

De acordo com Kotler e Keller (2006), os serviços são produzidos e consumidos simultaneamente. A pessoa encarregada de prestar o serviço é parte dele. No caso do entretenimento e dos serviços profissionais, os compradores estão muito interessados em um prestador de serviço específico.

Perecibilidade: característica peculiar dos serviços que não permite que eles sejam guardados e nem estocados. Nem mesmo a capacidade não usada pode ser recuperada (Hoffman & Bateson, 2003).

A perecibilidade dos serviços não é um problema quando a demanda é estável, porém, quando a demanda oscila, as empresas prestadoras de serviços enfrentam problemas. Visando minimizar estes problemas, Kotler e Keller (2006) propõem estratégias para estabelecer um equilíbrio melhor entre a demanda e a oferta em uma prestadora de serviços. Em relação à demanda:

- preços diferenciados transferem alguma demanda dos períodos de pico para os de baixa. São exemplos os descontos oferecidos nos ingressos de cinema para alguns dias durante a semana ou os descontos no aluguel de carros no fim de semana;
- períodos de baixa demanda podem ser aproveitados. Hotéis oferecem pacotes para o fim de semana em períodos de baixa temporada de férias;
- serviços complementares podem ser desenvolvidos durante o período de pico, a fim de oferecer alternativas aos clientes que estejam aguardando. Como exemplos, podem-se citar os bares em restaurantes e os caixas eletrônicos em bancos;
- sistemas de reserva são uma maneira de gerenciar o nível de demanda. Como exemplos, têm-se as companhias aéreas, hotéis e os consultórios médicos.

Em relação à oferta:

- funcionários que trabalham meio período podem ser contratados para atender ao pico de demanda: universidades contratam professores em regime parcial de trabalho e restaurantes contratam garçons para trabalhar meio período;

- rotinas de eficiência para o horário de pico podem ser introduzidas: os funcionários desempenham apenas tarefas essenciais durante os períodos de pico, paramédicos auxiliam os médicos nos momentos de alta demanda, etc;
- uma maior participação do cliente pode ser estimulada: os clientes preenchem suas fichas no consultório médico ou embalam suas compras no supermercado;
- serviços compartilhados podem ser desenvolvidos: os hospitais podem fazer uso comum das compras de equipamentos médicos;
- instalações visando à expansão futura podem ser desenvolvidas: um parque de diversões compra a área ao seu redor para expansão posterior.

Os Serviços como Processos

Para Lovelock e Wright (2002) o processo é um método particular de operação ou uma série de ações, normalmente envolvendo múltiplos passos que muitas vezes precisam acontecer em uma sequência definida.

Os processos de prestação de serviços podem conter procedimentos relativamente simples, que envolvem apenas alguns passos. Um processo engloba a transformação de insumos em produtos. Em serviços, duas categorias amplas são processadas: pessoas e objetos.

Tomando os serviços por uma perspectiva puramente operacional, percebe-se que eles podem se classificados em quatro grupos gerais.

A tabela 2.2 mostra um esquema de classificação de quatro direções, com base em ações tangíveis, seja nos corpos das pessoas ou nos bens do cliente, e ações intangíveis nas mentes das pessoas ou em seus bens intangíveis.

Tabela 2.2: Compreendendo a Natureza dos Atos do Serviço

Qual a natureza do Ato ou Serviço?	Quem ou o que é o destinatário direto do serviço?	
	Pessoas	Bens
Ações Tangíveis	*(Processamento com pessoas)* **Serviços dirigidos aos corpos das pessoas:** Transporte de passageiros Assistência médica Hospedagem Salões de beleza Fisioterapia Academias de ginástica Restaurantes/bares Barbearias Serviços Funerários	*(Processamento com bens)* **Serviços dirigidos a posses físicas:** Transporte de cargas Reparo e manutenção Armazenamento/estocagem Serviços de zeladoria de edifícios Distribuição de varejo Lavanderias Abastecimento de combustíveis Paisagismo/jardinagem Remoção e reciclagem de lixo
Ações Intangíveis	*(Processamento com estímulo mental)* **Serviços dirigidos às mentes das pessoas:** Propaganda Artes e entretenimento Transmissões de rádio e televisão Consultoria administrativa Educação Serviços de informação Concertos de música Psicoterapia Religião Telefone	*(Processamento com informações)* **Serviços dirigidos a bens tangíveis:** Contabilidade Finanças Processamento de dados Transmissão de dados Seguros Serviços jurídicos Programação Pesquisa Investimentos Consultoria de *software*

Fonte: Lovelock e Wright (2002)

Serviços com Qualidade

Para Hoffman e Bateson (2003) a melhor maneira de abordar o assunto é talvez distinguir entre a medição da qualidade do serviço e medição da satisfação do cliente. Para os especialistas, a satisfação do cliente é uma medida de curto prazo, específica da transação, ao passo que a qualidade do serviço decorre da avaliação geral, de longo prazo, de um desempenho.

Os dois conceitos – satisfação dos clientes e qualidade do serviço – estão entrelaçados. O relacionamento entre eles, entretanto, não é claro, pois alguns acreditam que a satisfação do cliente leva à percepção da qualidade do serviço; para outros, a qualidade do serviço resulta na satisfação do cliente.

Segundo Lovelock e Wright (2002) as expectativas são padrões internos que os clientes utilizam para julgar a qualidade de uma experiência de serviço. Essas expectativas envolvem diversos elementos diferentes, inclusive serviço desejado, adequado, previsto e uma zona de tolerância que se estende entre os níveis de serviço desejado e adequado.

A figura 2.5 demonstra os fatores que influenciam as expectativas de serviço:

Figura 2.5: Fatores que Influenciam as Expectativas do Serviço

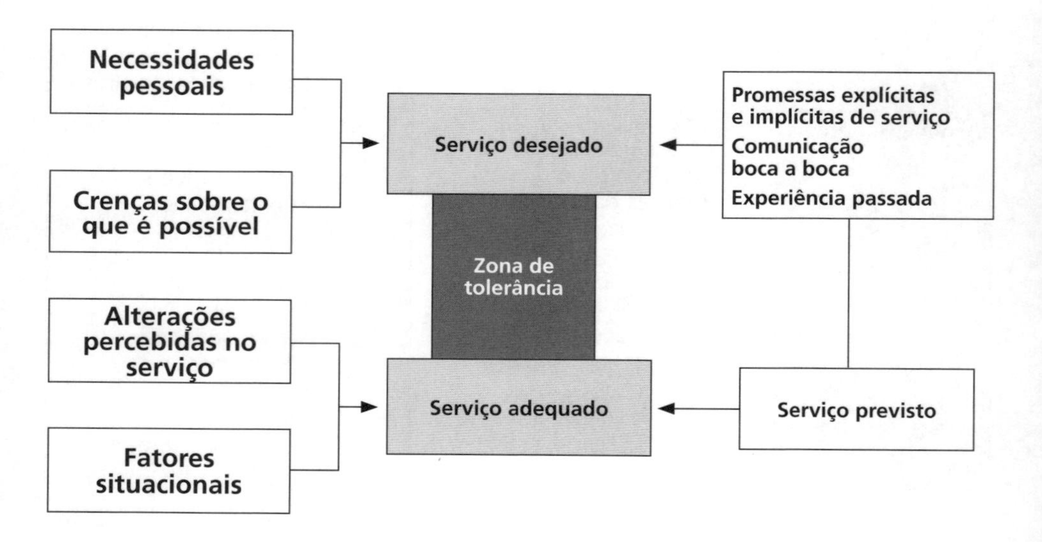

Fonte: Adaptado de Parasuraman *et al.* (1993)

Para Karl Albrecht (1992) existem três fatores-chaves para que a empresa realize um serviço excelente. São eles:

- uma visão ou estratégia do "produto" serviço;
- pessoal de linha de frente orientado para o cliente;
- sistemas voltados para o cliente.

A figura 2.6 apresenta o triângulo do serviço, que é uma representação gráfica da interação entre esses três elementos críticos, que devem atuar conjuntamente para que se mantenha um nível mínimo de qualidade de serviço.

Figura 2.6: Triângulo do Serviço

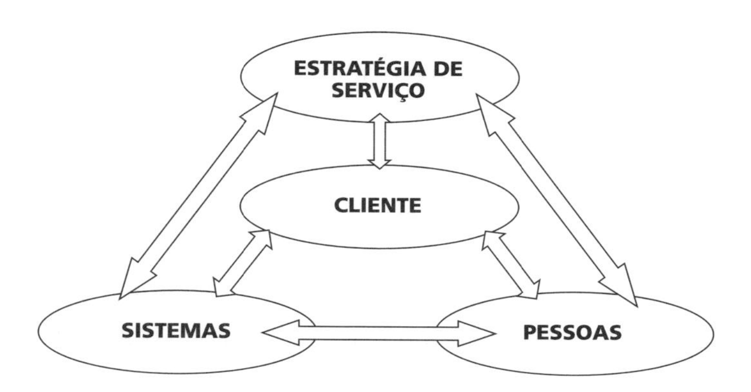

Fonte: Albrecht, 1992

Para Albrecht (1995) o elemento básico da qualidade de serviços é o conceito de momento da verdade. Na verdade, a expressão "momento da verdade" foi usada pela primeira vez neste contexto pelo consultor gerencial sueco Richard Normann, que a sugeriu a Jan Carlzon, executivo-chefe da Scandinavian Airlines.

Momento da verdade, portanto, é qualquer episódio no qual o cliente entra em contato com a organização e recebe uma impressão dos seus serviços (Albrecht, 1995).

Albrecht (1995) considera o ciclo de serviço uma definição da experiência do serviço ainda mais válida com respeito ao cliente. Define ciclo de serviços como a sequência completa de momentos da verdade que um cliente experimenta para ter satisfeita uma necessidade.

Zeithaml (1990) coloca que um serviço é avaliado em termos de dimensões ou características. Podem-se considerar dimensões importantes as necessidades do cliente. Os clientes as usam para avaliar um serviço. As dimensões da qualidade destacadas são as seguintes:

- **tangíveis:** aparência das facilidades físicas, equipamentos, pessoal e comunicação material;
- **atendimento:** nível de atenção dos funcionários no contato com os clientes;
- **confiabilidade:** habilidade em realizar o serviço prometido de forma confiável e acurada;

- **resposta:** vontade de ajudar o cliente e fornecer serviços rápidos;
- **competência:** possuir habilidade e conhecimento necessários para efetuar o serviço;
- **consistência:** grau de ausência de variabilidades entre a especificação e o serviço prestado;
- **cortesia:** respeito, consideração e afetividade no contato pessoal;
- **credibilidade:** honestidade, tradição, confiança no serviço;
- **segurança:** inexistência de perigo, risco ou dúvida;
- **acesso:** proximidade e contato fácil;
- **comunicação:** manter o cliente informado em uma linguagem que ele entenda;
- **conveniência:** proximidade e disponibilidade, a qualquer tempo, dos benefícios entregues pelos serviços;
- **velocidade:** rapidez para iniciar e executar o atendimento/serviço;
- **flexibilidade:** capacidade de alterar o serviço prestado ao cliente;
- **entender o cliente:** fazer o esforço de conhecer o cliente e suas necessidades.

Garvin (1984) também sugere a existência de oito dimensões de qualidade: desempenho, características, confiabilidade, conformidade, durabilidade, atendimento, estética e qualidade percebida, que demonstram a importância da gestão estratégica da qualidade e que podem ser utilizadas para a avaliação da qualidade em serviços:

- **desempenho:** para um produto, refere-se às características básicas operacionais e, para o serviço, o desempenho está relacionado à velocidade de atendimento;
- **características:** são os "adereços" dos produtos, aquelas características secundárias que suplementam o funcionamento básico do produto. As características, como o desempenho,

envolvem atributos objetivos e mensuráveis; sua tradução em diferenças da qualidade é igualmente afetada por preferências pessoais. A distinção entre as duas é, em grande parte, uma questão de centralismo ou importância para o usuário;

- **confiabilidade:** reflete a probabilidade de mau funcionamento de um produto ou de ele falhar num determinado período. Dentre as medidas mais comuns da confiabilidade, temos o tempo médio para a primeira falha, o tempo médio entre falhas e a taxa de falhas por unidade de tempo. Como estas medidas exigem que um produto esteja sendo usado durante algum tempo, são mais relevantes para os bens duráveis do que para produtos ou serviços consumidos na mesma hora;
- **conformidade:** o grau em que o projeto e as características operacionais de um produto estão de acordo com padrões pré-estabelecidos;
- **durabilidade:** medida da vida útil do produto, possui dimensões econômicas e técnicas. Tecnicamente, pode-se definir durabilidade como o uso proporcionado por um produto até se deteriorar fisicamente;
- **atendimento:** rapidez, cortesia e facilidade de reparo;
- **estética:** a dimensão estética está relacionada com a abordagem da quantidade baseada no usuário, sendo descrita como a aparência de um produto, o que se sente com ele, qual o seu som, sabor ou cheiro;
- **qualidade percebida:** também relacionada com a abordagem da qualidade baseada no usuário. É medida por meio de outros atributos e é percebida pela comparação com produtos e serviços anteriores.

Oliveira J. (2006) apresenta na tabela 2.3 uma comparação entre as dimensões de Parasuraman *et al.* (1988) e Garvin (2002), em que se nota que a dimensão "Qualidade Percebida" definida por Garvin (2002) enquadra-se em todas as características das dimensões sugeridas por Parasuraman *et al.* (1988), demonstrando que a percepção do cliente em relação à diferenciação dos produtos e serviços é altamente relevante.

Tabela 2.3: Comparação Entre as Dimensões de Parasuraman *et al.* (1988) e Garvin (2002)

Dimensões da qualidade aplicadas a serviços	
Parasuraman	Garvin
Aspectos Tangíveis	Desempenho, características, confiabilidade, estética e qualidade percebida
Confiabilidade	Confiabilidade e qualidade percebida
Responsabilidade	Desempenho, confiabilidade, conformidade e qualidade percebida
Competência	Desempenho, confiabilidade, conformidade, atendimento e qualidade percebida
Cortesia	Características e qualidade percebida
Credibilidade	Conformidade, atendimento, estética e qualidade percebida
Segurança	Desempenho, conformidade, durabilidade e qualidade percebida
Acesso	Qualidade percebida
Comunicação	Características, atendimento e qualidade percebida
Conhecimento do Cliente	Desempenho, atendimento e qualidade percebida

Fonte: Oliveira J. (2006)

Com base nas dimensões apresentadas é possível estabelecer diretrizes para a avaliação da satisfação do cliente de qualquer tipo de serviço.

Atualmente, as organizações buscam direcionar suas estratégias no sentido de satisfazer as necessidades dos clientes procurando oferecer os atributos citados em seus produtos e serviços.

Porém, para a implementação destas estratégias as organizações precisam buscar as metodologias mais adequadas, bem como os modelos de gestão possíveis para que estas organizações consigam implementar ações em busca da excelência empresarial.

O Que Veremos no Próximo Capítulo...

No Capítulo 3 apresentaremos um pouco do histórico da qualidade, destacando os principais articuladores dos conceitos e técnicas para o gerenciamento da qualidade nas organizações.

CAPÍTULO 3

Qualidade: O Primeiro Passo em Busca da Excelência

Um Breve Histórico

Desde os tempos mais remotos, pôde-se identificar a prática da gestão da qualidade. Conforme Oliveira O. (2004), por volta de 2150 a.C. o código de Hamurabi já demonstrava uma preocupação com a durabilidade e a funcionalidade das habitações produzidas na época, de tal forma que, se um construtor negociasse um imóvel que não fosse sólido o suficiente para atender à sua finalidade e desabasse, o construtor seria penalizado com a própria vida.

Outras evidências desta preocupação com a qualidade podem ser encontradas quando se estuda a história da humanidade. Sabe-se que, apesar de uma grande evolução deste conceito ao longo dos anos, muito ainda se pode melhorar quando se pretende estudar a questão relacionada à gestão da qualidade nas organizações.

Para que se apresente uma visão temporal entre as principais tendências dos estudos e aplicações dos conceitos de qualidade, David Garvin (apud Queiroz, 1995) utiliza a seguinte classificação:

a) **Era da Inspeção:** neste período, o interesse principal era a verificação. A visão da qualidade estava relacionada à solução de um problema, a ênfase estava na uniformidade do produto. Desta forma, utilizavam-se instrumentos de medição e o papel do profissional da qualidade estava diretamente relacionado à inspeção, classificação, contagem, avaliação e reparo. A responsabilidade ficava por conta do departamento de inspeção.

b) **Era do Controle Estatístico do Processo:** como o próprio nome já estabelece, o foco principal era o controle. A visão da qualidade também estava relacionada à solução de um problema, porém a ênfase estava na uniformidade do produto, só que com pouca inspeção. Para tanto, utilizavamse ferramentas e técnicas estatísticas, tornando o papel do profissional da qualidade totalmente voltado para a solução de problemas e aplicação de métodos estatísticos. A responsabilidade ficava por conta dos departamentos de controle de qualidade.

c) **Era da Garantia da Qualidade:** o interesse principal estava na coordenação das ações. A visão da qualidade estava não só na solução do problema, como também na proatividade das ações para esta solução. A ênfase estava em toda a cadeia de fabricação, desde o projeto até o mercado, e na contribuição de todos os grupos funcionais para impedirem falhas de qualidade. Os métodos utilizados eram os programas e os sistemas, o que exigiu dos profissionais da qualidade um papel mais voltado para o planejamento, medição da qualidade e desenvolvimento de programas. A responsabilidade era de todos os departamentos, com a alta administração se envolvendo superficialmente no planejamento e na execução das diretrizes da qualidade.

d) **Era da Gestão Total da Qualidade:** esta é a era atual, em que o interesse passa a ser estratégico e a qualidade é vista como uma oportunidade de diferenciação da concorrência. O enfoque está nas necessidades do mercado e dos clientes. Os métodos utilizados são o planejamento estratégico com o estabelecimento de objetivos e a mobilização da organização. Os profissionais da qualidade têm um papel importante no estabelecimento de metas, educação e treinamento, na consultoria e interação com outros departamentos e no desenvolvimento de programas. Todos na empresa são responsáveis pela qualidade, sendo que a alta administração exerce forte liderança neste processo.

O Conceito de Qualidade

Para se definir Qualidade, é necessário que se defina primeiro qual é o referencial pelo qual é observada. Segundo Prazeres (1996), a palavra qualidade vem do latim *qualitas, qualitatis* – o que caracteriza alguma coisa; o que faz com que uma coisa seja tal como se considera.

Diversos especialistas estabeleceram ou propuseram conceitos sobre Qualidade. Armand Feigenbaum (apud Prazeres, 1996) considera "qualidade como a composição total das características de marketing, engenharia, fabricação e manutenção de um produto ou serviço, pelas quais o mesmo produto ou serviço, em uso, atenderá às expectativas do cliente."

Segundo Slack (2002), Feigenbaum destaca as principais forças e fraquezas de cada abordagem.

As principais forças são as seguintes:

- fornece abordagem total ao controle de qualidade;
- enfatiza a importância da administração;
- inclui ideias de sistemas sócio-técnicos;
- promove a participação de todos os funcionários.

Porém, apresenta as seguintes fraquezas:

- não faz discriminação entre diferentes contextos de qualidade;
- não reúne diferentes teorias da administração em um todo coerente.

J. M. Juran (apud Prazeres, 1996) descreve que "qualidade é o nível de satisfação alcançado por um determinado produto no atendimento aos objetivos do usuário. Durante o seu uso, é chamado de adequação ao uso".

As forças desta abordagem, segundo Slack (2002), são as seguintes:

- enfatiza a necessidade de deixar de lado a euforia exagerada e os slogans de qualidade;
- destaca o papel do consumidor externo e do consumidor interno;
- destaca o envolvimento e o comprometimento da administração.

As fraquezas desta abordagem são:

- não se relaciona aos outros trabalhos sobre liderança e motivação;
- para alguns, desconsidera a contribuição do trabalhador ao rejeitar iniciativas participativas;
- vista como mais forte em sistemas de controle que nas dimensões humanas nas organizações.

W. Edwards Deming foi considerado, no Japão, o pai do controle de qualidade, e sua visão em relação ao conceito é: "qualidade é a satisfação do cliente e melhoria contínua". (Prazeres, 1996)

Sua filosofia se baseia em 14 pontos para a melhoria da qualidade:

1 – Crie constância de propósito;

2 – Adote nova filosofia;

3 – Cesse a dependência de inspeção;

4 – Evite ganhar negócio baseando-se em preço;

5 – Melhore constantemente o sistema de produção e serviço;

6 – Institua treinamento no trabalho;

7 – Institua liderança;

8 – Elimine o medo;

9 – Rompa barreiras interdepartamentais;

10 – Elimine *slogans* e exortações;

11 – Elimine quotas ou padrões de trabalho;

12 – Faça com que as pessoas sintam orgulho pelo trabalho;

13 – Institua programas de educação e da automelhoria;

14 – Coloque todos para trabalhar pelo cumprimento de metas.

As principais forças desta abordagem são as seguintes (Slack, 2002):

- fornece lógica sistemática e funcional, que identifica os estágios da melhoria da qualidade;
- enfatiza que a administração antecede à tecnologia;
- liderança e motivação são reconhecidas como importantes;
- enfatiza o papel dos métodos estatísticos e quantitativos;
- reconhece os diferentes contextos do Japão e da América do Norte.

Pode-se destacar como principais fraquezas desta abordagem:

- o plano metodológico e os princípios de ação são, às vezes, vagos;
- a abordagem de liderança e motivação é vista por alguns com aversão;
- não trata situações políticas ou coercitivas.

Para Philip Crosby, (apud prazeres, 1996) "qualidade é conformidade com os requisitos".

Suas máximas sobre Administração da Qualidade são (Slack, 2002):

- Qualidade é conformidade às exigências;
- Prevenção, não inspeção;
- O padrão de desempenho deve ser "defeito zero";
- Mensure o "preço da não conformidade";
- Não existe a figura chamada "problema de qualidade".

Esta abordagem apresenta as seguintes forças:

- fornece métodos claros e fáceis de seguir;
- a participação do trabalhador é reconhecida como importante;
- é forte em explicar a realidade da qualidade e em motivar as pessoas a iniciar o processo de qualidade.

As fraquezas são as seguintes:

- vista por alguns como culpando os trabalhadores pelos problemas da qualidade;

- vista por alguns como enfatizando slogans e lugares comuns, em vez de reconhecer dificuldades genuínas;
- o programa "defeito zero" é visto, às vezes, como algo que evita o risco;
- ênfase insuficiente em métodos estatísticos.

David Garvin (apud Queiroz, 1995) argumenta que a qualidade deve ser encarada como uma poderosa arma estratégica. Identifica cinco abordagens principais para se conceituar qualidade, apresentadas a seguir:

Visão Transcendental: Qualidade é algo universalmente conhecido, uma propriedade que não se pode analisar, que se reconhece unicamente pela experiência. Segundo esta abordagem, qualidade só pode ser percebida após a exposição de uma sucessão de objetos com esta característica. A limitação desta abordagem é que ela oferece pouca ou nenhuma utilidade prática.

Visão baseada no Produto: Qualidade é uma variável precisa e mensurável. Diferenças na qualidade são vistas como diferenças na quantidade de algum ingrediente ou atributo que os produtos possuem. Esta abordagem nos leva a hierarquizar os produtos, segundo a quantidade de determinado material. A limitação deste enfoque é que essa correspondência qualidade *versus* quantidade – de algum material – nem sempre existe.

Visão baseada no Usuário: esta definição parte do princípio de que a qualidade está nos olhos do observador. Os consumidores possuem diferentes necessidades ou preferências, e os bens que melhor satisfizerem suas preferências serão os que possuírem maior qualidade. Uma crítica a essa abordagem é como agregar preferências individuais, que variam amplamente, de modo a levar aos parâmetros que traduzam precisamente essa qualidade.

Visão baseada na Produção: esta visão focaliza os conceitos de engenharia. A qualidade está relacionada com a conformidade de acordo com as especificações. Uma vez estabelecido o projeto ou uma especificação, qualquer desvio implica uma redução da qualidade. A excelência é então considerada como atendimento às especificações e um dos preceitos dos seguidores dessa tendência é "fazer certo na primeira vez". Um problema em relação a esta abordagem é que ela é demasiadamente interna à fábrica, não se importando muito com o mercado, nem mesmo com a função principal de qualquer empresa, que é vender os seus produtos/serviços.

Visão baseada no Valor: a qualidade é vista em termos de preços e custos. Deste modo, um produto possui qualidade se fornece desempenho ou conformidade a um preço ou custo aceitável. Apesar de sua importância, é difícil aplicar este enfoque na prática, pois ele relaciona dois conceitos distintos: excelência e valor. O resultado é híbrido – "excelência embutida" – que não proporciona limites bem definidos e é altamente subjetivo.

Com esta visão da evolução e de conceituação, pode-se entender como a gestão da qualidade é tratada pelas organizações nos dias atuais. Esta evolução trouxe a necessidade de utilização de um tipo especial de documento, o documento normativo.

Norma é um documento estabelecido por consenso e aprovado por um organismo reconhecido, que fornece para uso comum e repetitivo regras, diretrizes ou características para atividades ou seus resultados, visando à obtenção de um grau ótimo de ordenação em um dado contexto, conforme define o guia ISO/ IEC Guia 2 (ABNT, ISO/IEC Guia 2, 1998).

A qualidade então passou a ser uma decisão estratégica para as organizações, em busca da excelência empresarial.

O Que Veremos no Próximo Capítulo...

No Capítulo 4, apresentaremos de maneira genérica algumas referências de modelos de gestão a serem seguidos, como os critérios para o Prêmio Nacional da Qualidade e o Sistema de Gestão da Qualidade estabelecido pela norma ISO 9001.

O que veremos no Próximo Capítulo

CAPÍTULO 4

A Busca da Excelência Empresarial

Antes de apresentarmos o conteúdo deste capítulo, é importante que seja entendido o significado da palavra *excelência*. Segundo Aurélio Buarque de Holanda Ferreira, *excelência* significa *qualidade de excelente, primazia*, ou seja, *qualidade do que ou de quem é primeiro.*

Note que, sendo bastante pragmáticos, podemos colocar que ser excelente significa ser o melhor. Quando levamos este conceito para o ambiente empresarial nos deparamos com um grande desafio: o que devemos fazer para que nossa organização se torne a primeira ou, sendo um pouco menos pretensiosos, que tenha um desempenho considerado entre os melhores.

Atingir o estágio de **excelência** não é algo tão fácil de se conseguir. Em contrapartida, se não tomarmos nenhuma iniciativa, correremos o risco de deixar de existir. Nesse caminho em busca da excelência, os conceitos da qualidade são de grande importância, pois além de possibilitarem um melhor monitoramento dos processos, poderão, se alinhados com as necessidades dos clientes, agregar valor aos produtos e serviços oferecidos pela organização.

Então, só nos resta uma alternativa: tornarmo-nos os empreendedores dos mecanismos e sistemáticas da qualidade dentro de nossas organizações, para que, caso não cheguemos ao estágio de excelência, pelo menos consigamos implementar melhorias em nossos processos, tornando-nos mais competitivos.

Para tanto, precisamos conhecer quais são as práticas de gestão existentes e como devem ser implantadas nas organizações de modo que estas obtenham as vantagens competitivas desejadas.

Uma evolução no conceito de gestão da qualidade aconteceu com a possibilidade de incorporar os diversos interesses das partes interessadas, os chamados *stakeholders*, de uma organização na busca da excelência do desempenho.

Uma organização é constituída por pessoas e processos e deve estar estruturada em função das demandas e do atendimento das necessidades de seus diversos agentes internos e externos.

O conceito de agentes internos e externos, ou em outras palavras, das partes interessadas no desempenho de uma organização é sintetizado no termo em inglês *stakeholder* (Carvalho *et al.*, 2005).

Os modelos de excelência que compõem um prêmio da qualidade de nível nacional visam avaliar a gestão de uma organização com relação às práticas de gestão utilizadas e os resultados organizacionais, de forma direcionada, a fim de atender às necessidades de seus *stakeholders*. Esses modelos estabelecem um conjunto de critérios e itens que a organização deve cumprir, por meio de suas práticas, e que conduzem a resultados de excelência.

A Evolução dos Modelos de Excelência

A seguir, apresentam-se os principais prêmios da qualidade existentes no mundo:

O Prêmio *Deming*

O primeiro prêmio da Qualidade lançado no mundo, visando avaliar o desempenho das organizações, foi o prêmio *Deming*, criado no Japão na década de 50. Este é um modelo diferente em relação aos existentes na atualidade, pois determina quais práticas organizacionais devem ser utilizadas nas organizações (Carvalho *et al.*, 2005).

Durante os primeiros anos, os prêmios concedidos foram pagos com recursos advindos de vendas de materiais de ensino preparados por William Edwards Deming para conferências, tradução e venda de seus livros (Prazeres, 1996).

Atualmente, os prêmios são patrocinados pela JUSE – *Union of Japanese Scientists and Engineers*, concedidos em quatro categorias:

- **Indivíduos:** concedido para uma pessoa que tenha feito notável contribuição para a teoria, as aplicações e os métodos de controle da qualidade, normalmente por meio de trabalhos publicados;
- **Prêmio de Aplicação Deming** (*Deming Application Prize*): prêmio que recebe a maior parte da publicidade, destinado às empresas que aplicaram, com sucesso, o Controle da Qualidade por toda a empresa (CWQC – *Company-wide Quality Control*);
- **Prêmio Japonês de Controle da Qualidade:** aberto somente para empresas já detentoras do Prêmio Deming. Foi instituído em 1970 e contempla as empresas que apresentam práticas e padrões elevados de qualidade durante pelo menos cinco anos;
- **Prêmio Deming Estrangeiro:** concedido a empresas não japonesas interessadas no processo de exame na implantação do Controle da Qualidade Total.

Diferentemente dos outros prêmios, os itens de verificação do Prêmio *Deming* são de natureza prescritiva, ou seja, eles indicam em grande parte deles quais as práticas a serem utilizadas, tais como métodos estatísticos, revisão de projeto, círculos de controle da qualidade, entre outros (Carvalho *et al.*, 2005).

O Prêmio *Malcolm Baldrige*

O Prêmio Nacional de Qualidade *Malcolm Baldrige* foi instituído em 1987 para melhorar a competitividade das empresas americanas (Brown, 1995).

O prêmio refere-se a bens e serviços norte-americanos que têm como objetivo fazer frente à concorrência estrangeira. Foi instituído pelo Congresso Norte-Americano como *Malcolm Baldrige National Quality Award* (MBNQA). Batizado com o nome de um antigo Secretário do Comércio, o prêmio reconhece empresas norte-americanas pela sua excelência em negócios e pelo nível de qualidade atingida (Cooper & Argyris, 2003).

Os critérios para o Prêmio *Malcolm Baldrige* são: liderança, planejamento estratégico, foco no cliente e no mercado, medição, análise e gestão do conhecimento, foco nos recursos humanos, gestão de processos e resultados do negócio (Carvalho *et al.*, 2005).

Há três categorias de empresas que podem concorrer ao prêmio:

- **Negócios** (*Business*): subdividido em manufatura, serviços e pequenas empresas;
- **Saúde** (*Health Care*)
- **Educação** (*Education*): incluindo instituições de ensino fundamental, básico e superior.

Para uma melhor compreensão de como os critérios são examinados em cada categoria, a tabela 4.1 apresenta um comparativo:

Tabela 4.1: Comparativo dos Critérios para as Categorias do Prêmio *Malcolm Baldrige*

Negócios	Saúde	Educação
1. Liderança	**1.** Liderança	**1.** Liderança
2. Planejamento estratégico	**2.** Planejamento estratégico	**2.** Planejamento estratégico
3. Foco no cliente e no mercado	**3.** Foco nos doentes, outros consumidores e mercado	**3.** Foco em alunos, partes interessadas e mercado
4. Medição, análise e gestão do conhecimento	**4.** Medição, análise e gestão do conhecimento	**4.** Medição, análise e gestão do conhecimento
5. Foco nos recursos humanos	**5.** Foco nos médicos e funcionários	**5.** Foco nos professores e funcionários
6. Gestão dos processos	**6.** Gestão dos processos	**6.** Gestão de processos
7. Resultados do negócio	**7.** Resultados da organização	**7.** Resultados da organização

Fonte: Elaborada pelo autor

O Prêmio Europeu de Qualidade

O Prêmio Europeu de Qualidade foi introduzido pela EFQM – *European Foundation for Quality Management*. O modelo de Excelência da EFQM não é prescritivo e reconhece que existem diferentes formas de se alcançar a excelência.

Foi instituído em 1992 para reconhecer companhias ou organizações pela implementação da gestão da qualidade total e é promovido pela Comissão Europeia, Fundação Europeia para a Administração da Qualidade e pela Organização Europeia para a Qualidade (Prazeres, 1996).

Os critérios do Prêmio Europeu de Qualidade são: liderança, políticas e estratégias, pessoas, parcerias e recursos, processos, resultados dos clientes, resultados de pessoas, resultados da sociedade e resultados de desempenho (EFQM, 2006).

Esse modelo de avaliação considera pessoas, processos e resultados. Processos são os meios pelos quais a companhia liberta o talento de seus funcionários para produzirem os resultados. Os processos e as pessoas são os "habilitadores". A satisfação dos funcionários e dos clientes, o impacto sobre a sociedade e a prosperidade são os resultados.

O Prêmio Nacional da Qualidade

No Brasil, a Fundação para o Prêmio Nacional da Qualidade (FPNQ), uma entidade privada e sem fins lucrativos, possui critérios de excelência muito bem definidos e que, utilizados internamente pelas empresas, podem induzir às melhorias dos seus sistemas de gestão por meio dos resultados advindos da autoavaliação, independentemente da candidatura ao prêmio.

Esses critérios levam em conta todas as partes interessadas no negócio, os chamados *stakeholders*, ou seja, clientes, acionistas e proprietários, comunidade e sociedade, força de trabalho, fornecedores e parceiros. Desta forma, quando uma organização conquista o prêmio realmente comprova que possui um modelo de gestão que se preocupa (e evidencia esta preocupação) com a apresentação das sistemáticas e dos resultados de sua implementação dentro da organização.

Atualmente, os critérios de excelência que servem de referencial para a conquista do prêmio são os seguintes:

- Visão sistêmica;
- Aprendizado organizacional;
- Agilidade;
- Inovação;
- Liderança e constância de propósitos;

- Visão de futuro;
- Foco no cliente e no mercado;
- Responsabilidade social;
- Gestão baseada em fatos;
- Valorização das pessoas;
- Abordagem por processos;
- Orientação para resultados.

O modelo de excelência proposto pelo prêmio é dividido em oito critérios, classificados da seguinte forma:

1. Liderança
2. Estratégias e planos
3. Clientes
4. Sociedade
5. Informações e conhecimento
6. Pessoas
7. Processos
8. Resultados

Apresentamos a seguir, de acordo com os critérios de excelência para o ano de 2008, o que se examina em cada critério.

O critério **Liderança** examina como é o sistema de liderança da organização e o comprometimento pessoal dos membros da alta direção no estabelecimento, na disseminação e na atualização de valores e diretrizes organizacionais que promovem a cultura da excelência, levando em consideração as necessidades de todas as partes interessadas. Também examina como é analisado criticamente o desempenho global da organização.

Em **Estratégias e planos** é examinado o processo de formulação das estratégias de modo que este determine o posicionamento da organização no mercado, direcione as suas ações e maximize o seu desempenho, incluindo como as estratégias, os planos de ação e as metas são estabelecidos e desdobrados por toda a organização e comunicados interna e externamente. Também é avaliado o modo como a organização define o seu sistema de medição de desempenho.

O critério **Clientes** examina como a organização identifica, analisa e compreende as necessidades dos clientes e dos mercados e se antecipa a elas. Avalia ainda como são divulgados produtos, marcas e ações de melhoria e estreitamento do relacionamento com os clientes. Também examina como a organização mede e intensifica a satisfação e a fidelidade dos clientes em relação aos produtos e marcas.

Para o critério **Sociedade**, examina-se como a organização contribui para o desenvolvimento econômico, social e ambiental e se participa de modo sustentável, por meio da minimização dos impactos negativos potenciais dos seus produtos e operações na sociedade. Avalia-se ainda como a organização interage com a sociedade de maneira ética e transparente.

O critério **Informações e conhecimento** examina a gestão e a utilização das informações da organização e de informações comparativas pertinentes, bem como a gestão do capital intelectual da organização.

No critério **Pessoas**, examina-se como são proporcionadas condições para o desenvolvimento e utilização plena do potencial das pessoas que compõem a força de trabalho, em consonância com as estratégias organizacionais. Também são examinados os esforços para criar e manter um ambiente de trabalho e um clima organizacional que conduzam à excelência do desempenho, à plena participação e ao crescimento pessoal e da organização.

O critério **Processos** examina os principais aspectos da gestão dos processos da organização, incluindo o projeto do produto com foco no cliente, a execução e entrega do produto, os processos de apoio e aqueles relacionados aos fornecedores, em todos os setores e unidades. Também examina como a organização administra seus recursos financeiros para dar suporte a sua estratégia, aos seus planos de ação e à operação eficaz de seus processos.

O último critério, chamado de **Resultados**, examina a evolução do desempenho da organização em relação aos clientes e aos mercados, à situação financeira, às pessoas, aos fornecedores, aos processos relativos ao produto, à sociedade, aos processos de apoio e organizacionais. São também examinados os níveis de desempenho em relação às informações comparativas pertinentes.

Esta é a forma mais completa para que uma empresa faça uma autoavaliação do seu modelo de gestão. A grande pergunta, no entanto, é a seguinte: Será que a minha empresa já está preparada para concorrer a um prêmio de tamanha relevância? A resposta mais provável para a grande maioria das empresas seria "não". No entanto, precisamos começar de alguma forma.

A proposta deste trabalho não é demonstrar como uma empresa deve se preparar para concorrer ao prêmio, até porque, diante da complexidade e da abrangência apresentada, muitos leitores estariam neste momento fechando o livro e desistindo da leitura.

Nossa proposta é despertar no leitor a curiosidade de conhecer os caminhos para que as organizações possam melhorar os seus resultados de desempenho e, mais do que isso, possam ter um modelo de gestão embasado e focado nas necessidades dos seus clientes.

O caminho a ser apresentado neste livro será o da busca pela implementação de um Sistema de Gestão da Qualidade para a empresa, com a consequente certificação pelo padrão normativo ISO 9001.

Após conhecer este caminho, com certeza o leitor será mais um candidato a empreendedor dos conceitos da qualidade em sua empresa. Para tanto, precisamos conhecer o que é a entidade ISO e sua atuação na elaboração das normas internacionais.

A Entidade ISO

A entidade ISO (*International Organization for Standardization*) é uma organização não governamental, com sede na Suíça, que tem como principal objetivo elaborar normas que tenham validade e aplicabilidade internacional. O nome ISO vem da palavra grega *isos*, que significa igual.

Os princípios da normalização internacional são (Carvalho *et al.*, 2005):

- **Igualdade de direitos dos membros:** todos os membros da ISO têm o direito de participar de qualquer comitê técnico desenvolvedor de normas que julgarem de interesse para seu país. Cada país tem direito a um voto, independentemente do tamanho e da riqueza de sua economia;
- **Normas voluntárias:** todas as normas desenvolvidas pela ISO são de caráter voluntário e são adotadas pelas empresas e nações apenas se o desejarem;

- **Direcionamento ao mercado:** a ISO só desenvolve normas quando há interesse do mercado. São reunidos especialistas e representantes de agências governamentais e da academia, dos consumidores e de laboratórios, para a elaboração das mesmas;
- **Consenso:** As normas ISO são desenvolvidas a partir do consenso das partes envolvidas, o que lhes dá, apesar do caráter voluntário, uma enorme penetração no mercado mundial;
- **Acordo técnico:** As normas ISO constituem-se em um acordo técnico que dá a base para uma tecnologia compatível internacionalmente.

Essa entidade é composta de comitês técnicos, específicos para cada tipo de assunto, que periodicamente se reúnem não só para a elaboração como também para as constantes revisões e análises de possibilidades de melhoria para as normas elaboradas.

De acordo com os protocolos ISO, todas as normas internacionais têm de ser analisadas criticamente a cada cinco anos para que se determine se elas devem ser confirmadas, revisadas ou retiradas.

Tão logo uma norma recebe a aprovação final e, consequentemente, a sua publicação, cada país filiado recebe esta norma, por meio de sua entidade ligada à ISO, para tradução e publicação para a sociedade.

No Brasil, a Associação Brasileira de Normas Técnicas (ABNT) é a entidade responsável por essas atividades de tradução e publicação em todo o País.

Certificação do Sistema de Gestão da Qualidade

A certificação do Sistema de Gestão da Qualidade de uma empresa pela norma ISO 9001 pode ser o primeiro passo para a excelência empresarial, não só pelo reconhecimento internacional proporcionado pelo certificado, mas principalmente pelas vantagens competitivas obtidas interna e externamente pela organização que a possui.

A implantação desse sistema implica mudanças e adequações do modelo de gestão, da cultura da organização, das pessoas envolvidas nos processos da organização e, principalmente, da alta direção da empresa.

Figura 4.1: Em Busca da Excelência

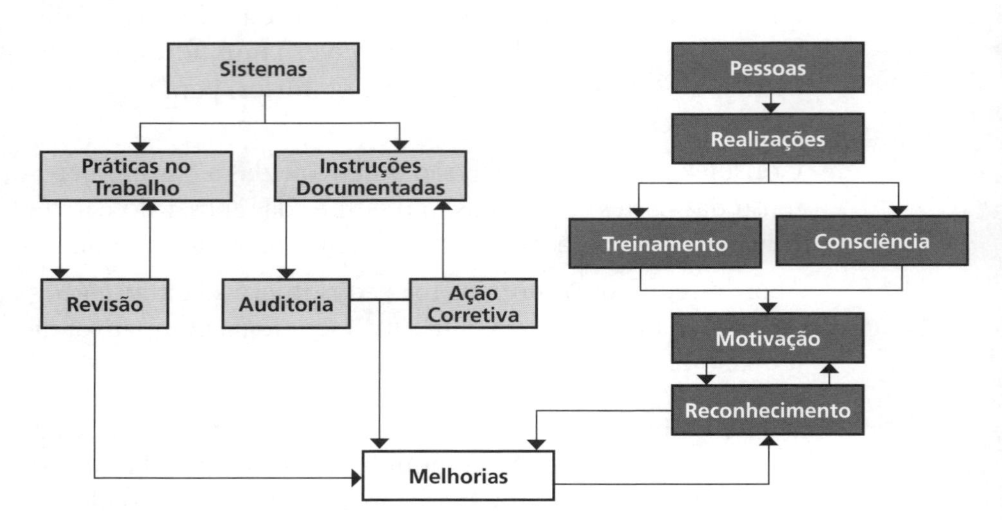

Optar pela certificação é uma decisão estratégica que deve estar apoiada em um projeto no qual estejam contempladas todas as fases, desde o processo de implementação até a realização das auditorias para recomendação à certificação.

Quando se tem como objetivo maior a busca da excelência, o gestor deve ter em mente que precisará definir estratégias a serem implantadas em duas perspectivas distintas, porém totalmente alinhadas, como mostra a figura 4.1.

Elaborar um programa como este requer uma análise de todas as práticas de trabalho, para que realmente os processos sejam definidos e validados pela organização. Em contrapartida, não se pode fazer esse estudo sem pensar nas pessoas que estarão envolvidas durante a realização desses processos.

Portanto, paralelamente à análise dos processos, temos a necessidade de realizar um trabalho bastante consistente de conscientização das pessoas. Esta é, sem sombra de dúvida, a parte mais importante de todo o projeto.

O sucesso de toda implementação de um Sistema de Gestão da Qualidade depende muito de quanto as pessoas envolvidas com os processos da organização estão conscientizadas, comprometidas e alinhadas com as propostas e sistemáticas a serem implementadas pelo modelo de gestão.

Se o objetivo de uma empresa não é concorrer nem ao menos participar do Prêmio Nacional da Qualidade (PNQ), poderá, no mínimo, possuir seu Sistema de Gestão da Qualidade certificado pela norma ISO 9001.

Esse processo de certificação proporciona a criação de uma série de mecanismos e sistemáticas que, direta ou indiretamente, acabam por atender aos critérios de excelência do Prêmio Nacional da Qualidade.

Além disso, um processo de certificação exigirá um alto comprometimento de todos os colaboradores da empresa. Da alta direção aos funcionários, todos deverão estar comprometidos com os objetivos propostos pelo sistema.

Esse tipo de comprometimento e a consequente mudança da cultura da empresa, focada em resultados e na busca de melhorias constantes, faz com que os colaboradores fiquem preparados para novos desafios dentro dessa forma de administrar.

Eficiência e Eficácia: Objetivos Constantes para Enfrentar a Competitividade

A administração de empresas é fundamentada nos princípios da eficiência e da eficácia. Quando buscamos utilizar, da melhor forma possível, todos os recursos disponíveis e necessários para o bom desempenho do modelo de gestão, estamos falando de eficiência. Quando existe um alinhamento dessas iniciativas com as necessidades do cliente, estamos falando de eficácia. Portanto, o grande desafio em cada iniciativa tomada dentro da organização é integrar eficiência e eficácia para, desta forma, obter a efetividade das ações.

Figura 4.2: Eficiência *versus* Eficácia

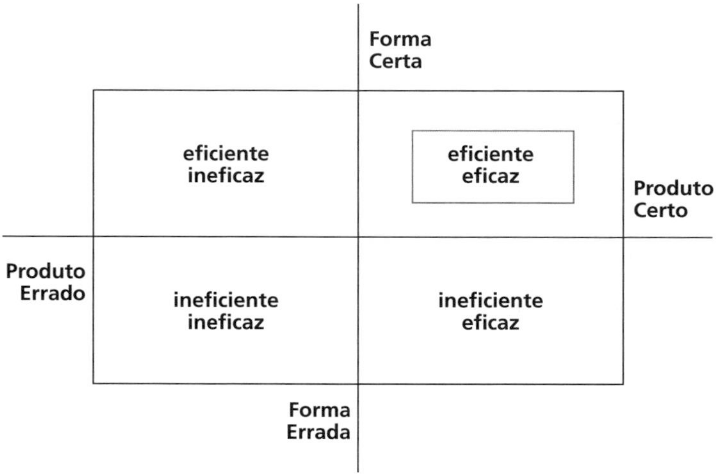

Forma Certa

eficiente ineficaz

eficiente eficaz

Produto Certo

Produto Errado

ineficiente ineficaz

ineficiente eficaz

Forma Errada

Preocupar-se com a eficiência e a eficácia dos processos é o mesmo que se preocupar com a sobrevivência de uma organização. (o autor)

Note que novamente surge uma grande oportunidade para os empreendedores. Se você é um empreendedor interno na organização em que trabalha, terá um desafio para buscar a implementação dos conceitos de gestão da qualidade que, com certeza, será um diferencial competitivo tanto para a empresa, que terá sistemáticas claramente definidas, quanto para o gestor, empreendedor responsável pela implantação da mudança.

Se você sempre faz
aquilo que sempre fez
Sempre obterá
aquilo que sempre obteve.
(autor desconhecido)

Esse desafio será constante, pois as organizações estão sempre buscando o aperfeiçoamento contínuo de seus processos, produtos e serviços.

Compete a cada um de nós, empreendedores das mudanças dentro das organizações, acreditarmos na existência de metodologias já definidas e que, bem implementadas, poderão contribuir bastante para a adequada gestão da empresa, tornando-a cada vez mais competitiva dentro de sua proposta de atuação.

O Que Veremos no Próximo Capítulo...

No capítulo a seguir apresentaremos como a norma ISO 9001 pode ser implementada em uma empresa e adotada como uma estratégia empresarial focada na satisfação dos clientes.

Para tanto, serão apresentados os seus oito princípios de gestão e a estrutura da norma, comentando-se genericamente todos os requisitos.

CAPÍTULO 5

A Certificação ISO 9001 como Estratégia Empresarial

A estratégia é o caminho que utilizamos para fazer um sonho se tornar realidade. (o autor)

Houve um tempo em que a certificação do sistema da qualidade de uma empresa, com base no padrão normativo ISO 9001, causava muita dúvida ao gestor sobre o quanto realmente isso seria traduzido em benefícios e resultados para sua empresa e se a certificação representaria uma vantagem competitiva perante seus concorrentes.

Nossa proposta não é discutir os motivos para tantas dúvidas e questionamentos sobre as versões anteriores, mas sim, apresentar como o padrão normativo ISO 9001 pode trazer os resultados de desempenho que os gestores tanto procuram.

Vale destacar que, após a revisão, a norma ISO 9001 ficou extremamente flexível e passível de implementação em todo o tipo de empresa, de qualquer segmento ou mercado, proporcionando às empresas que se utilizam dessa estratégia a possibilidade de obter vantagens competitivas para atender aos seus objetivos e buscar, assim, a satisfação de seus clientes.

Não que isso fosse impossível nas versões anteriores, mas houve uma grande evolução principalmente quanto à orientação sobre a satisfação dos clientes, o enfoque da gestão por processos e a filosofia da melhoria contínua, proporcionando ao gestor um modelo de gestão, para que os objetivos estabelecidos pela organização possam ser alcançados.

Os Oito Princípios de Gestão que Norteiam a ISO 9001

Para um melhor entendimento do leitor, vamos começar apresentando os oito princípios que norteiam o padrão normativo e demonstram como a certificação pode ser uma estratégia a ser adotada em busca da excelência empresarial.

Organização focada no cliente: existe uma preocupação em atender às necessidades atuais e futuras dos clientes. Clientes não são apenas as pessoas que recebem os produtos e serviços fornecidos, mas também as outras organizações. Podemos destacar que se trata de uma norma com foco na eficácia das ações.

Devem ser criados mecanismos para identificar as necessidades dos clientes e mecanismos para monitorar se essas necessidades estão sendo atendidas. A satisfação dos clientes passa a ser um objetivo constante dentro das estratégias das organizações que adotam a norma ISO 9001 como referência para o seu Sistema de Gestão da Qualidade.

Liderança proativa: o líder deve criar um ambiente propício para a implementação do Sistema de Gestão da Qualidade. Portanto, o comprometimento dele com o programa será fundamental para que uma organização consiga atingir os seus objetivos. Este comprometimento será evidenciado por iniciativas para a implementação e manutenção do sistema.

Dessa forma, a disponibilização de recursos, a definição dos mecanismos de divulgação do sistema e a aprovação das iniciativas voltadas à gestão da qualidade serão rotinas constantes para os líderes da organização.

A verificação do desempenho do Sistema de Gestão da Qualidade como um todo é feita por meio das chamadas reuniões de análise crítica pela alta direção. Nessas reuniões são avaliados todos os resultados de monitoramento, bem como as ações tomadas durante o período considerado, visando propor a implementação de novas ações, não só para a manutenção do sistema, como também para a implementação de melhorias.

Maior envolvimento das pessoas: não existe um outro caminho para a implementação do Sistema de Gestão da Qualidade que não necessite do envolvimento das pessoas. É fundamental que a organização tenha uma gestão das competências, para que as pessoas possam realmente dar a sua contribuição para o sucesso do projeto.

Os treinamentos que buscam a conscientização dos funcionários durante o processo de implementação serão fundamentais para que esse princípio seja atendido, assim como os treinamentos específicos, que visam melhorar a qualificação das pessoas envolvidas com a realização dos processos.

A cultura da qualidade deve estar disseminada em todos os níveis da organização e compreendida por todos. Algum colaborador deverá ser o empreendedor para esse desafio. Propor a mudança não é uma atividade fácil, porém é fundamental para a implementação do Sistema de Gestão da Qualidade.

Abordagem por processos: o objetivo maior é gerenciar melhor as atividades e os recursos relacionados, entendendo a melhor sequência dessas atividades, rompendo as barreiras departamentais e demonstrando que para se ter qualidade, os objetivos devem ser compreendidos e compartilhados por todos.

Entradas → PROCESSO → Saídas

Utilizar a abordagem sistêmica para gerenciar: se o objetivo maior da organização é obter a eficiência e a eficácia de seus processos, ela deve aprender a identificar, entender e gerenciar as inter-relações de seus processos para que consiga criar um alinhamento de suas ações, com o intuito de atingir os seus objetivos.

A figura 5.1 mostra um exemplo de interação entre os processos de uma organização:

Figura 5.1: Exemplo de Interação entre os Processos

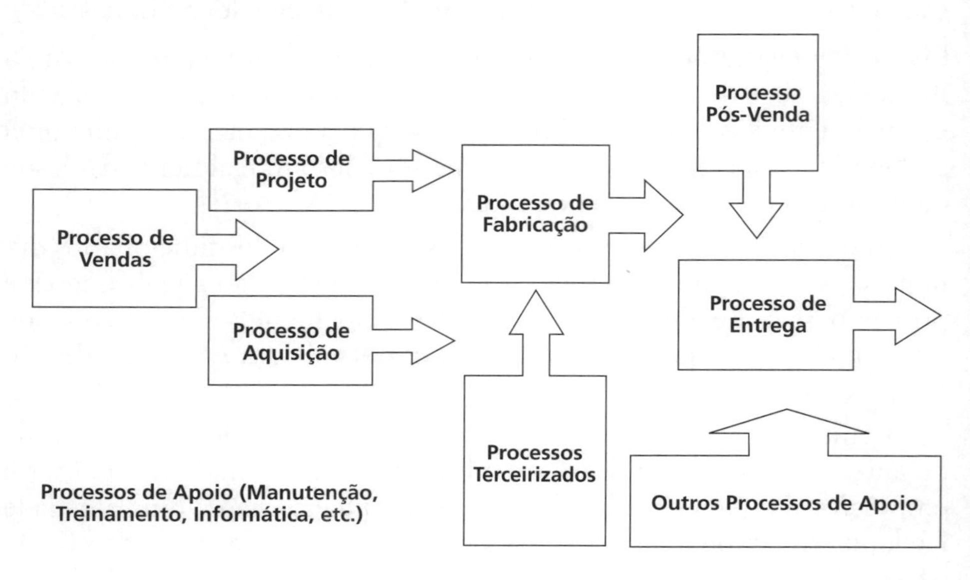

Melhoria contínua: no atual cenário, altamente competitivo, a melhoria contínua do desempenho global da organização passa a ser uma questão de sobrevivência e, portanto, um objetivo permanente. Uma das grandes vantagens do Sistema de Gestão da Qualidade é exatamente criar os mecanismos necessários para que essa filosofia seja implantada. Dessa forma, serão tomadas ações para que os processos realmente tenham a melhoria de desempenho desejada.

Para tanto, será necessária a definição de objetivos que sejam claramente entendidos pelos colaboradores. Para monitorar o cumprimento desses objetivos, deverão ser definidos indicadores que possibilitarão a visualização do desempenho do Sistema de Gestão.

Processo de decisão baseado em fatos: outra grande vantagem para a organização que implementa um Sistema de Gestão da Qualidade é que todas as decisões são baseadas na análise de dados e de informações obtidas por meio do monitoramento dos processos. Dessa forma, as decisões são mais eficazes para a organização, pois deixam os "*achismos*" de lado e realmente implementam ações embasadas em informações obtidas do próprio gerenciamento do sistema.

Benefícios mútuos nas relações com os fornecedores: uma organização não pode desconsiderar que existe uma interdependência entre ela e seus fornecedores; portanto, uma relação de benefícios mútuos aumenta a possibilidade de ambos agregarem valor às suas iniciativas.

Atualmente, as organizações buscam eliminar as atividades que não agregam valor aos seus produtos e serviços. Dessa forma, para atender às exigências de seus clientes, as organizações devem criar alianças estratégicas com seus fornecedores, estabelecendo uma política do "ganha-ganha", o que proporciona a melhoria de desempenho de todos os envolvidos.

Note que a ênfase do padrão normativo está na garantia e na prevenção de falhas, sem deixar de considerar a inspeção e as ações corretivas a serem tomadas, pois sempre haverá o erro humano.

Normas da Série ISO 9000

Conhecidos os princípios em que se baseia a série ISO 9000, precisamos saber quais são as normas que a compõem. A série é composta de três normas, mas só uma delas é passível de auditoria e consequente certificação, como descrito a seguir.

ISO 9000 – Sistema de Gestão da Qualidade – Fundamentos e Vocabulário: na verdade, esta é uma norma que apresenta os conceitos e definições que são utilizados em todos os textos das normas da série ISO 9000. Proporciona ao leitor um entendimento quanto aos aspectos relevantes para a implementação do sistema. Embora muitos gestores já possuam um conhecimento sobre a grande maioria dos termos utilizados, esta norma é de grande valia, pois é esclarecedora e de fácil compreensão.

ISO 9001 – Sistema de Gestão da Qualidade – Requisitos: esta é a única norma da série que é passível de auditoria. Como o próprio nome diz, é uma norma de requisitos. Uma organização que tenha como objetivo obter a certificação deverá implementar um Sistema de Gestão da Qualidade que atenda aos requisitos estabelecidos por esta norma. Os requisitos da norma são muito bem apresentados na figura 5.2 a seguir.

Figura 5.2: Requisitos da Norma ISO 9001

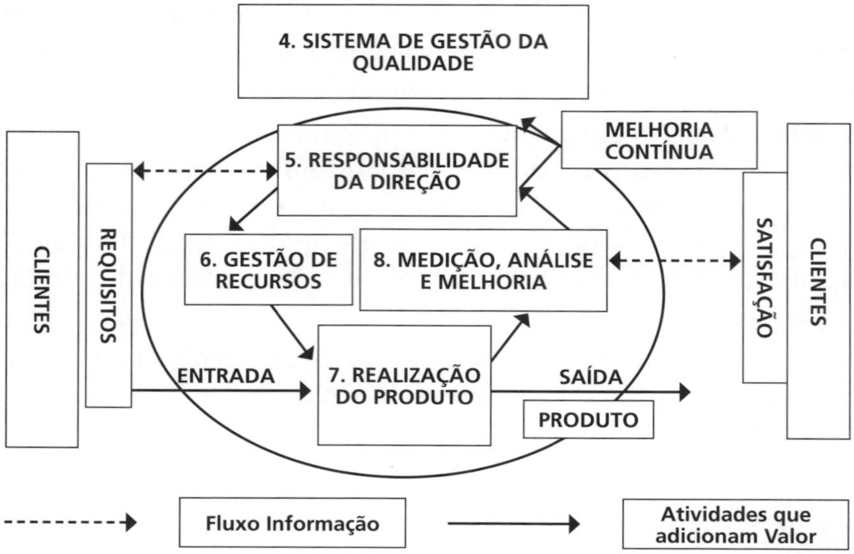

4. SISTEMA DE GESTÃO DA QUALIDADE
MELHORIA CONTÍNUA
CLIENTES
REQUISITOS
5. RESPONSABILIDADE DA DIREÇÃO
6. GESTÃO DE RECURSOS
8. MEDIÇÃO, ANÁLISE E MELHORIA
7. REALIZAÇÃO DO PRODUTO
ENTRADA
SAÍDA
PRODUTO
SATISFAÇÃO
CLIENTES
Fluxo Informação
Atividades que adicionam Valor

Fonte: NBR-ISO 9001:2008

Note que o modelo do Sistema de Gestão da Qualidade estabelecido pelo padrão normativo utiliza o conhecido ciclo PDCA, tão disseminado por E. Deming, como o ciclo da Melhoria Contínua.

Ciclo PDCA – Base para o Sistema

No ciclo PDCA, cada letra tem o seu significado relacionado com o processo:

- **letra P** – significa **Planejar** as atividades necessárias para atingir os objetivos;
- **letra D** – significa **Desenvolver** e fazer as atividades planejadas em busca dos objetivos;
- **letra C** – significa **Controlar**, checar, verificar, inspecionar, monitorar as atividades planejadas para assegurar que os objetivos propostos serão atingidos;
- **letra A** – significa **Agir** logo após a atividade de verificação, buscando implementar novas ações para atingir os objetivos propostos inicialmente.

A figura 5.3 mostra como o ciclo PDCA é apresentado de forma que promova a melhoria contínua dos processos que se utilizam desse mecanismo para sua adequada gestão.

Figura 5.3: Ciclo PDCA: Ciclo da Melhoria Contínua

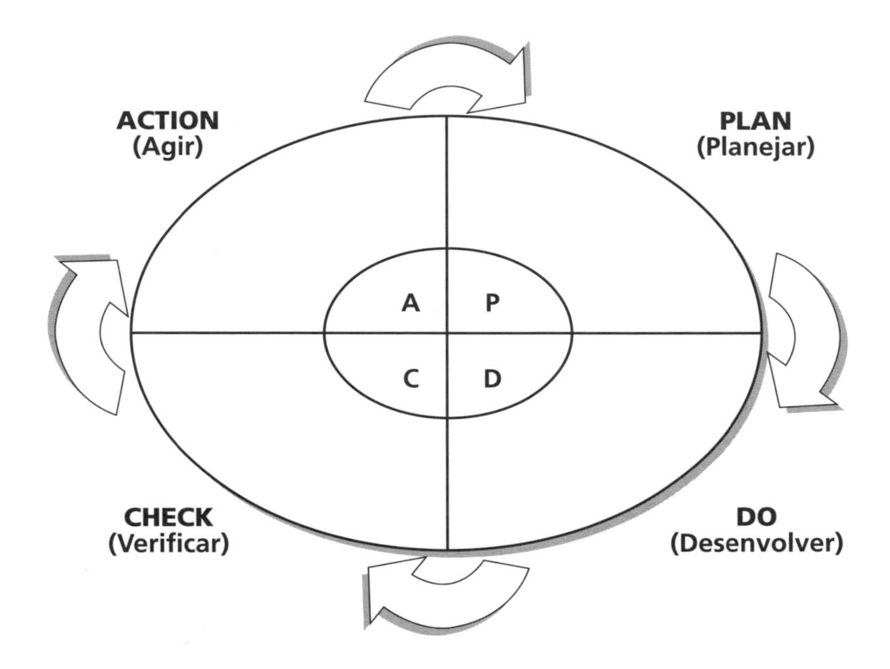

Uma empresa planeja suas ações, faz a implementação, avalia os resultados e, com base nessa avaliação, propõe novas ações fechando um ciclo e iniciando um novo.

ISO 9004 – Sistema de Gestão da Qualidade – Diretrizes para a Melhoria de Desempenho: esta é uma norma de orientação para que as empresas possam ter uma fonte de pesquisa, com o intuito de promover a manutenção do Sistema de Gestão já implementado. Por esse motivo, usualmente é chamada de Par Consistente da ISO 9001.

É uma norma bastante interessante, não só pelo seu objetivo, mas principalmente pelas orientações que, se bem implementadas, contribuirão bastante para a melhoria de desempenho do sistema.

Esta norma baseia-se na eficiência do Sistema de Gestão da Qualidade. Apesar de não ser uma diretriz para a implementação da ISO 9001, poderá ser utilizada em conjunto ou como um documento independente.

Apresentadas as normas que compõem a série ISO 9000, precisamos entender o que um Sistema de Gestão da Qualidade deve apresentar para atender aos requisitos estabelecidos pela norma.

Requisitos da ISO

Requisitos do cliente – em todas as referências do padrão normativo, encontramos a orientação sobre a satisfação dos clientes. Os requisitos pré-estabelecidos pelo cliente deverão ser atendidos e esse atendimento deve ser evidenciado por meio de mecanismos definidos pela organização.

Não é o padrão normativo que estabelece qual será a forma para esse monitoramento, porém estabelece que ele seja realizado e que os requisitos sejam atendidos e, se não atendidos, quais ações serão implementadas para a correção e devido atendimento às diretrizes.

Requisitos legais e regulamentares – toda e qualquer legislação aplicável ao escopo de certificação definido pela organização deverá ser atendida. Esse requisito suplanta o padrão normativo e isso significa que uma organização que não esteja atendendo a um requisito legal não conseguirá obter a certificação de seu Sistema de Gestão da Qualidade.

Esse é um fator extremamente importante, pois dependendo do segmento de atuação da empresa candidata à certificação, existem muitos aspectos legais aplicáveis e que deverão ser plenamente atendidos.

Requisitos próprios da organização – são os requisitos criados pela própria organização e que, se estiverem definidos, passam a ter a mesma relevância dos outros requisitos estabelecidos pelo padrão normativo. Na verdade, toda organização possui os seus procedimentos internos documentados ou não, que acabam compondo o Sistema de Gestão da Qualidade.

O que ocorre na prática é que dificilmente a empresa inicia suas atividades já com base nos requisitos do padrão normativo para definir suas sistemáticas. Em geral, a empresa já está devidamente estabelecida, possui uma série de processos já implantados e tem definida como meta implementar um Sistema de Gestão da Qualidade.

Nessa situação, os procedimentos internos documentados ou não, porém já implementados na empresa, passam por uma revisão e adequação, mesmo porque, se existem e estão devidamente implementados, não há razão para serem abandonados.

É onde, literalmente, a organização que não está atenta dá um tiro no próprio pé.
(o autor)

Esta afirmação é bastante pertinente, pois, como existe a documentação obrigatória para o atendimento aos requisitos do padrão normativo, o empreendedor responsável pela implementação do sistema da qualidade não pode simplesmente desconsiderar os procedimentos internos já existentes julgando que não terão valor nenhum perante o processo de auditoria do sistema.

Uma vez definidos, os procedimentos internos terão a mesma representatividade dos procedimentos obrigatórios do Sistema de Gestão da Qualidade. Dessa forma, deverão receber a mesma atenção dispensada aos procedimentos obrigatórios do sistema.

A ISO 9000 engessa a empresa, pois cria um excesso de papel, gerando muita burocracia e dificultando as sistemáticas de trabalho da empresa.
(o autor)

Com certeza, o leitor já deve ter escutado esta afirmação por inúmeras vezes. Não podemos discordar disso totalmente, pois, de fato, foi essa a imagem criada para os Sistemas de Gestão da Qualidade, principalmente na década de 90, em que a versão do padrão normativo tinha um foco na garantia da qualidade muito diferente do modelo atual, cujo foco está na gestão da qualidade.

A ISO 9000 define gestão da qualidade como "atividades coordenadas para orientar e controlar uma organização com relação à qualidade".

Na versão anterior, todos os procedimentos do sistema da qualidade eram mandatórios (obrigatórios) e deviam estar documentados, gerando com isso muito papel, o que aumentava ainda mais a resistência à implementação.

Na versão atual, isso mudou bastante; primeiro, porque houve uma redução quanto à quantidade de procedimentos mandatórios e segundo, porque possibilitou certa flexibilidade quanto à forma de apresentação dos procedimentos da empresa.

Conhecendo Melhor a Estrutura da Norma ISO 9001

A norma ISO 9001 está estruturada nas seguintes seções:

Prefácio
0 Introdução
1 Escopo
2 Referência normativa
3 Termos e definições
4 Sistema de Gestão da Qualidade
5 Responsabilidade da alta direção
6 Gestão de recursos
7 Realização do produto
8 Medição, análise e melhoria

No **Prefácio**, há uma descrição da norma ISO, suas funções e membros associados e também referência à maioria votante requerida para que uma norma revisada seja aceita, a fim de que possa ser publicada.

A **Introdução** destaca que para implementar um sistema de Sistema de Gestão da Qualidade deve haver um comprometimento das pessoas, e essa decisão deve ser estratégica para a organização.

Fica muito claro na Introdução que não existe uniformidade para os sistemas da qualidade. Cada empresa deve estruturar o seu sistema de maneira que atenda aos requisitos e às particularidades do negócio em que atua.

Destaca, ainda, que a norma pode ser utilizada por partes internas e externas, e até mesmo pelos órgãos certificadores, para avaliar e auditar a capacidade de atender aos requisitos da qualidade.

A abordagem de processo e o relacionamento com a norma ISO 9004, já comentados anteriormente, também são referenciados nesse item.

Outro detalhe importante a ser destacado é a compatibilidade com outras disciplinas do Sistema de Gestão. A norma ISO 9001 compartilha elementos e princípios do sistema com a norma ISO 14001 – Sistema de Gestão Ambiental. Sugere que os assuntos comuns nas duas normas possam ser integrados, no todo ou em partes, conforme seja mais adequado para a organização. Apesar de não incluir requisitos de outras disciplinas do sistema, como meio ambiente, segurança e saúde ocupacional e gerenciamento financeiro; nesse tópico da norma se faz uma orientação para que se busque uma integração dessas disciplinas, quando for apropriado para a organização.

No item 1 – **Escopo** – são destacados claramente os objetivos dos requisitos, ou seja, a organização deverá demonstrar a sua capacidade de fornecer um produto que satisfaça os requisitos do cliente e os requisitos regulamentares aplicáveis. O objetivo maior é o de aumentar a satisfação dos clientes pela aplicação eficaz do Sistema de Gestão da Qualidade.

Também fica bem claro que os requisitos da norma são genéricos e passíveis de aplicação em todos os tipos de organização, de qualquer tamanho e independentemente do produto fornecido.

As referências sobre possíveis exclusões também são citadas nesse item e mais bem detalhadas na Cláusula 7 – Realização do produto.

O item 2 – **Referência normativa** – orienta os usuários para que busquem esclarecimentos sobre os conceitos na norma ISO 9000 – Sistemas de Gestão da Qualidade – Fundamentos e vocabulário.

No item 3 – **Termos e definições** – É explicado que o termo "produto" abrange também serviço. Dessa forma, a organização que atua exclusivamente na área de serviços deverá interpretar produto como o seu serviço realizado.

Somente a partir da Cláusula 4 – **Sistema de Gestão da Qualidade** – da norma ISO 9001 é que são apresentados os requisitos que deverão ser atendidos pelo Sistema de Gestão da Qualidade de uma empresa, para que seja recomendada a certificação.

Especificamente essa cláusula da norma ISO 9001 trata dos requisitos gerais para o Sistema de Gestão da Qualidade, de qual deve ser a estrutura do Sistema de Gestão, de quais são os requisitos de documentação, de como deve ser elaborado o manual da qualidade e de como deve ser realizado o controle de documentação e de registros do sistema da qualidade.

Na Cláusula 5 – **Responsabilidade da direção** – são tratados todos os aspectos relacionados à responsabilidade da alta direção da empresa, suas responsabilidades quanto ao planejamento da qualidade, a definição da política da qualidade, o foco no cliente, os canais de comunicação interna, a definição de responsabilidades e autoridade perante os requisitos do sistema e a análise crítica do desempenho do Sistema de Gestão.

A Cláusula 6 – **Gestão de recursos** – aborda os aspectos relacionados à provisão dos recursos necessários para a manutenção do sistema. Dessa forma, os recursos humanos e suas competências e habilidades são tratados nessa cláusula, bem como outros aspectos necessários para que a empresa consiga atingir a conformidade do produto, como a infraestrutura da empresa e o ambiente de trabalho.

A realização do produto é tratada na Cláusula 7 – **Realização do produto** – na qual todos os aspectos relacionados ao produto são devidamente abordados, como planejamento dos processos de realização, processos relacionados ao cliente, determinação dos requisitos relacionados ao produto, análise crítica dos requisitos relativos ao produto, comunicação com o cliente, projeto e desenvolvimento, incluindo as fases de planejamento, entradas, saídas, análise crítica, verificação, validação e controle das alterações de projeto e desenvolvimento.

Nessa cláusula também são considerados aspectos relacionados ao processo de aquisição, informações para essa aquisição e processos de verificação do produto adquirido. A produção e a provisão de serviços são divididas em cinco subcláusulas: controle de produção e provisão de serviço, validação de processos para produção e provisão de serviço, identificação e rastreabilidade, propriedade do cliente e preservação do produto.

Também são considerados os aspectos relacionados ao controle de equipamentos de medição, inspeção e ensaio para fornecer evidência de conformidade do produto.

Essa é a única cláusula em que os requisitos são passíveis de exclusão, ou seja, caso a organização evidencie que um item não é aplicável ao seu escopo, poderá citar em seu manual da qualidade a exclusão do item, desde que devidamente justificada.

O acompanhamento do desempenho do Sistema de Gestão da Qualidade é abordado na Cláusula 8 – **Medição, análise e melhoria**. Nessa parte, são considerados todos os mecanismos para o monitoramento e medição do sistema.

Esse monitoramento leva em conta a satisfação do cliente e os resultados das auditorias internas e de desempenho dos processos e dos produtos. Por meio do monitoramento, poderão ser detectados produtos não conformes, que deverão ser devidamente controlados.

Com a análise dos dados obtidos pelos resultados desse monitoramento, será possível a implementação das ações preventivas, corretivas e de melhoria, para os processos do sistema da qualidade da organização.

Conhecidos os aspectos conceituais relacionados ao padrão normativo ISO 9001, verificamos que este modelo de gestão pode ser definido como uma estratégia empresarial.

Com a abordagem por processos e a constante preocupação com a eficácia dos resultados, tão disseminados pelo padrão normativo, qualquer gestor, independentemente do segmento de atuação da sua empresa, poderá fazer uso das cláusulas da norma em seu modelo de gestão para buscar a certificação de seu sistema da qualidade ou não.

Voltando aos aspectos relacionados ao empreendedorismo, destacamos novamente que as características pessoais dos gestores são de grande importância para o processo de implementação.

Se pensarmos nos benefícios obtidos com um sistema eficaz de gestão da qualidade, podemos ressaltar os seguintes:

- melhora a relação com o cliente, já que existe uma preocupação em atender aos requisitos por ele estabelecidos;
- como o foco da norma está na prevenção, após sua implementação na empresa, obtém-se como resultado uma redução dos custos operacionais, o que é traduzido em aumento de competitividade e lucratividade;
- aumentando a eficiência dos processos, teremos internamente um clima de maior motivação entre os colaboradores, que estarão cada vez mais motivados em atender os objetivos estabelecidos pelo sistema.

Compete ao leitor avaliar as melhores estratégias para desenvolver um projeto para a sua empresa, tomando como referência o modelo de gestão apresentado pela norma ISO.

O Que Veremos no Próximo Capítulo...

No capítulo a seguir, apresentaremos uma abordagem dos aspectos relacionados à alta direção das empresas que, além de ter um papel extremamente importante para a implementação do sistema, deve ser a primeira a "comprar" a ideia de buscar essa implementação.

Além disso, serão abordados os aspectos relacionados à documentação requerida pelo Sistema de Gestão da Qualidade.

CAPÍTULO 6

Vendendo o Projeto para o Gestor

Se o principal executivo da empresa não acredita no projeto, quem acreditará?
(o autor)

Nos capítulos anteriores foram abordados os aspectos mais conceituais relacionados à implementação de um Sistema de Gestão da Qualidade. Precisamos, agora, começar a definir um caminho para que esta implementação tenha a eficiência e a eficácia desejadas.

Custos da Qualidade

Um Sistema de Gestão da Qualidade gera muitos custos?

Esta é sempre uma das primeiras perguntas que a alta direção da empresa faz antes de "comprar" a ideia da certificação.

A avaliação dos custos com a certificação não deve ser realizada com base somente no investimento inicial. O gestor deve analisar as melhorias obtidas com a implementação e, dessa forma, chegar ao valor agregado, fazendo uma análise de custo *versus* benefício.

Aliás, a alta direção deverá, mesmo após a implantação do Sistema de Gestão da Qualidade, fazer uma provisão de recursos para a manutenção do sistema, não só com o intuito de garantir os recursos mínimos para que este seja mantido, mas também tendo em vista outros investimentos necessários à manutenção adequada do sistema.

Não podemos deixar de considerar, no entanto, que o objetivo da gestão da qualidade é fornecer um produto conforme da maneira mais econômica possível. Desta forma, os custos indesejados, ou seja, os custos da ineficiência poderão ser identificados, avaliados e eliminados pela implementação do sistema.

As empresas têm, em geral, certa dificuldade para medir os custos da qualidade, principalmente porque estes não estão incluídos nos livros razão de contabilidade geral, que são largamente utilizados para a avaliação de lucros e perdas.

Isso é muito perigoso, pois muitas vezes os custos da qualidade podem ter um impacto significativo sobre a lucratividade das operações. Em um mercado altamente competitivo, a grande carga do custo de falhas poderá resultar em clientes insatisfeitos e, por consequência, perdas de negócio.

Os custos da qualidade podem ser classificados da seguinte forma:

- **custos de prevenção:** são os custos incorridos para reduzir os custos de falhas, correção e/ou avaliação do processo e estão relacionados a atividades de implementação e manutenção do Sistema de Gestão da Qualidade, auditorias realizadas para verificação do sistema, realização de programas de treinamento, avaliação de fornecedores, implementação de melhorias no sistema e realização de análises críticas;
- **custos de avaliação:** são os custos incorridos na verificação dos processos e dos produtos. Estão relacionados às inspeções realizadas em todas as fases da realização do produto (recebimento, processo, inspeção final e serviços) e à manutenção dos registros destas inspeções e de possíveis verificações realizadas nas instalações dos fornecedores;
- **custos de falhas e de correção:** estão relacionados ao "fazer errado" e, depois, "fazer certo". Também se relacionam a ações corretivas implementadas pelo eficaz gerenciamento do sistema.

Uma análise da evolução dos custos da qualidade possibilitará a medição objetiva do desempenho do sistema da qualidade da empresa, assim como poderá demonstrar o grau de eficiência e de eficácia das ações implementadas em decorrência dos resultados da avaliação.

Escolhendo o Representante da Direção

O primeiro passo para o gestor da empresa definir a estratégia para a implementação do sistema será escolher uma pessoa para gerenciar todo o processo. Essa escolha, na maioria das vezes, não é muito fácil em razão de alguns fatores:

1. Nem sempre a empresa possui uma pessoa com conhecimentos e habilidades necessários para a implementação do projeto. Neste caso, podemos solucionar o problema fazendo com que a pessoa participe de cursos específicos sobre o tema e contratando uma empresa de consultoria, que trará para a empresa a experiência e o conhecimento faltantes e fundamentais para o sucesso da implantação.
2. Além do conhecimento específico, a pessoa escolhida, denominada pela norma como RD (Representante da Direção), deve ser uma pessoa centrada, acostumada a desafios e extremamente perseverante, pois o processo de implementação requer, na maioria das vezes, uma mudança na cultura das organizações, o que causa uma resistência entre as pessoas, como todo processo de mudança organizacional.
3. Nem sempre temos essa pessoa na empresa e, neste caso, talvez seja preciso contratar alguém. Para essa situação, a melhor alternativa é buscar um profissional que já tenha participado deste processo em outras empresas.

O Representante da Direção, independentemente de outras atribuições, deverá ter responsabilidade e autoridade para:

- assegurar que os processos necessários ao Sistema de Gestão da Qualidade sejam estabelecidos, implementados e mantidos;
- relatar à direção o desempenho do Sistema de Gestão da Qualidade e qualquer necessidade de melhoria;
- assegurar a promoção da conscientização sobre os requisitos do cliente em toda a organização.

Note a importância da escolha adequada da pessoa que desempenhará essa função perante o Sistema de Gestão da Qualidade.

Definido o Representante da Direção, o gestor deverá definir qual será o escopo da certificação. Esta definição é muito importante porque:

- com ela estabelecemos os "limites" de aplicação do Sistema de Gestão da Qualidade;
- apresenta os processos que serão contemplados pelo Sistema de Gestão da Qualidade;
- aparecerá no certificado expedido pelas entidades certificadoras, evidenciando os processos envolvidos e recomendados pelo certificado expedido.

Responsabilidade e Autoridade

Apesar de não ser explicitamente requerido que se documentem as responsabilidades, as autoridades e a inter-relação de funções, muitas empresas incluem em seu manual da qualidade um quadro com uma matriz de responsabilidade (atividade *versus* documento aplicado).

Comunicação Interna

A organização deve assegurar que haja uma comunicação interna eficaz, nos vários níveis e funções, quanto a assuntos relacionados à eficácia do Sistema de Gestão da Qualidade. Para tanto, podem ser utilizados os tradicionais quadros de avisos, em locais de fácil visualização, ou a intranet da empresa. Recomenda-se que estes mecanismos sejam documentados no manual da qualidade.

O que compõe um Sistema de Gestão da Qualidade?

Um Sistema de Gestão da Qualidade bem implementado deve apresentar, além dos procedimentos documentados mandatórios (obrigatórios) exigidos pelo padrão normativo, outros procedimentos e sistemáticas que contribuam para que os processos satisfaçam às necessidades dos clientes.

O grande problema da ISO 9000 é que engessa a empresa! (o autor)

A afirmação acima já deve ser de conhecimento do leitor que, se realmente não procurar saber mais sobre o assunto, poderá ficar com essa definição em sua mente e fazer dela uma primeira barreira para a implementação do Sistema de Gestão da Qualidade.

O padrão normativo define que a organização deve estabelecer, documentar, implementar e manter um Sistema de Gestão da Qualidade e, continuamente, melhorar a eficácia deste.

Neste momento, o leitor deve estar se perguntando "Será que as coisas podem ser muito mais simples do que normalmente imaginamos?" Respondemos que sim!

Novamente, o leitor deve estar pensando "Será que este livro vai me dar algumas dicas que facilitem a minha empreitada em busca da excelência empresarial?" E nós lhe respondemos: é esta a nossa intenção!

O padrão normativo exige uma documentação para o Sistema de Gestão da Qualidade. Essa documentação é mandatória, ou seja, a empresa deverá desenvolver esses documentos para que realmente atendam aos requisitos da norma.

Documentação para o Sistema de Gestão da Qualidade

Para que uma empresa consiga atender aos requisitos da norma deve, no mínimo, ter um manual da qualidade e mais seis procedimentos documentados e mandatórios (obrigatórios), que são os seguintes:

- controle de documentos;
- controle de registros;
- auditorias internas;
- controle de produtos não conformes;
- ações preventivas;
- ações corretivas.

Estes são os procedimentos obrigatórios, porém, na prática, as organizações acabam por desenvolver outros procedimentos alinhados com o sistema, como suporte para as outras sistemáticas da organização.

Documento

Informação e o meio no qual está contida. (ISO 9000)

Um documento em conformidade com o padrão normativo define os requisitos ou como uma atividade deverá ser executada. Desta forma, é fundamental que a documentação do sistema da qualidade reflita como realmente funciona a organização.

Lembrem-se de que o excesso de burocracia nos procedimentos e instruções de trabalho gera uma relutância por parte dos funcionários da empresa. Portanto, tomem muito cuidado ao desenvolver a documentação e procurem assegurar simplicidade, clareza e facilidade de controle.

Aspectos Importantes em Relação aos Procedimentos da Qualidade

Os procedimentos do sistema da qualidade podem ser documentados por escrito ou por meio de fluxogramas, esboços, desenhos, fitas de áudio, fitas de vídeo, etc.

Os documentos podem ser estabelecidos em qualquer formato, como cópias em meio físico (papel) ou em meio eletrônico, inclusive cópias de *software*.

A documentação pode estar em qualquer forma ou tipo de meio. (Cláusula 4.2.1 – ISO 9001)

Registros também são Documentos?

De acordo com o padrão normativo ISO 9000, um registro é definido como um “documento que declara os resultados atingidos ou fornece evidência de atividades realizadas”.

Portanto, um registro é uma evidência documental de que determinada atividade foi realizada e, com a sua realização, quais foram os resultados obtidos.

Estrutura da Documentação do Sistema da Qualidade

Teoricamente todo o sistema da qualidade pode estar documentado no manual da qualidade, que será o único documento com a compilação direta de todos os procedimentos e documentos desse sistema.

A maioria das empresas, no entanto, decide ter um manual da qualidade como um documento separado dos outros procedimentos. Como não há nenhuma estrutura requerida ou especificada pelo padrão normativo, normalmente a documentação é agrupada em várias camadas ou níveis, conforme mostra a figura 6.1:

Figura 6.1: Estrutura Típica da Documentação do Sistema da Qualidade

Manual da qualidade: normalmente traz a política da qualidade e uma apresentação do sistema da qualidade, informando, pelo menos, o que está sendo feito para atender aos requisitos da norma e fazendo referência aos procedimentos do sistema da qualidade (primeiro nível).

Procedimentos: são os documentos que descrevem o que está sendo feito, por que, de que forma, por quem, onde, quando e como (segundo nível).

Instruções de trabalho: são os documentos que orientam os funcionários sobre cada atividade específica e que podem ser requeridos para tarefas, processos ou operações específicas (terceiro nível).

Formulários e documentos de origem externa: normalmente são os documentos externos que foram incorporados ao sistema; podem ser formulários específicos, normas, códigos, instrumentos regulamentares e estatutários (quarto nível).

Elaboração do Manual da Qualidade

Documento que especifica o Sistema de Gestão da Qualidade de uma organização. (ISO 9000)

O padrão normativo deixa claro que a organização deve estabelecer e manter um manual. Também especifica o que deve estar incluído no manual, conforme os itens a seguir:

- escopo do Sistema de Gestão da Qualidade, incluindo detalhes e justificativas para quaisquer exclusões;
- procedimentos documentados ou referência a eles;
- descrição da interação entre os processos incluídos no Sistema de Gestão da Qualidade.

Existe uma flexibilidade maior para as organizações que podem determinar, por si mesmas, o modelo e a forma de seus manuais. Isso significa que as organizações podem e devem adotar a abordagem mais útil à operação eficaz de seu sistema.

O manual da qualidade pode:

- ser uma coleção direta dos documentos do sistema, inclusive os procedimentos;
- ser um agrupamento ou uma seção da documentação do sistema;
- ter um ou mais volumes;
- ser um documento separado ou não.

Visando facilitar a elaboração do manual, bem como garantir que todas as cláusulas da norma sejam nele abordadas, recomendamos que a empresa procure seguir a mesma sequência estabelecida no padrão normativo em relação aos tópicos a serem atendidos, pois assim ficam evidenciadas a estrutura e a visão geral do sistema da qualidade.

O manual também deverá conter a declaração da política da qualidade, uma introdução com os objetivos, o escopo do sistema da qualidade com a indicação da norma de controle, as instalações, pessoal e produtos cobertos pelo sistema, além de uma explicação sobre a terminologia utilizada pelo sistema.

Em geral, no primeiro tópico do manual apresenta-se a empresa, um pouco de sua história, sua capacidade, produtos e principais realizações.

Essa composição do manual facilitará bastante a busca das informações, principalmente durante os processos de auditoria, em que normalmente o manual da qualidade é bastante utilizado para evidenciar o atendimento aos requisitos.

Apesar de não existir uma regra estabelecida em relação ao formato e à estrutura do manual da qualidade, as recomendações citadas neste texto são de grande aplicabilidade para as empresas que pretendem elaborar o seu manual.

Vale destacar que um manual da qualidade bem escrito poderá se tornar uma peça útil na literatura de vendas da empresa. Ele delineará não somente as intenções da organização em satisfazer às necessidades e expectativas dos clientes, mas também como estas serão alcançadas ou, pelo menos, o que está sendo feito para atingir a satisfação do cliente.

A Política da Qualidade

Intenções e diretrizes globais de uma organização relativas à qualidade, formalmente expressas pela alta administração. (ISO 9000)

Voltando aos aspectos relacionados à alta direção, após a definição do Representante da Direção e do escopo da certificação, cabe a definição da política da qualidade.

Conforme o padrão normativo, existem algumas exigências para a definição da Política da Qualidade. Ela deve deixar claro qual é o tipo de negócio da empresa, ou seja, demonstrar que é apropriada ao objetivo da organização, ressaltando a preocupação e o comprometimento com a melhoria contínua dos processos e com a satisfação dos clientes.

A Política da Qualidade não pode ser poética. (o autor)

A afirmação acima é um pouco forte, porém serve como um alerta para que o gestor não crie somente uma bela frase de impacto, não permitindo o adequado desdobramento de ações para o seu atendimento.

A Política da Qualidade deve fornecer uma estrutura para que sejam estabelecidos e analisados os objetivos da qualidade definidos pela empresa.

A alta direção deve definir e aprovar uma Política da Qualidade que realmente atenda às exigências do padrão normativo e, mais do que isso, seja passível de implementação dentro da empresa. Para tanto, a política deverá ser entendida por todos e comunicada para toda a organização.

Essa preocupação é bastante importante, pois é durante o processo de auditoria que o auditor tenta identificar as evidências do entendimento estabelecido na política da qualidade.

Uma característica muito importante em relação à Política da Qualidade é que esta deve ser analisada criticamente quanto à sua continuada adequação, deixando claro que o Sistema de Gestão da Qualidade deve ser proativo em resposta aos desafios do ambiente gerencial.

A Política da Qualidade pode ser emitida como um documento separado, mas a maioria das empresas escolhe publicá-la no manual da qualidade.

Fazendo o Planejamento para o Sistema de Gestão da Qualidade

Parte da gestão da qualidade focada no estabelecimento dos objetivos da qualidade e que especifica os recursos e processos operacionais necessários para atender a estes objetivos. (ISO 9000)

Com a definição da Política da Qualidade, a alta direção deve assegurar que o planejamento do Sistema de Gestão da Qualidade seja realizado com o fim de atender aos requisitos previstos pelo padrão normativo, bem como aos objetivos da qualidade definidos pela organização.

Outro aspecto relevante é que a integridade do Sistema de Gestão deve ser mantida quando alterações no sistema forem planejadas e implementadas.

Quando se realiza um planejamento como esse, devem-se definir objetivos mensuráveis e consistentes com a Política da Qualidade anteriormente definida pela empresa.

Essa é uma preocupação importante, pois não devemos criar dentro da organização programas específicos de gestão para que os objetivos da qualidade sejam atingidos. É o próprio planejamento da qualidade que deve permitir isso.

Os objetivos da qualidade são utilizados como um dos fatores que facilitam a melhoria contínua.

Objetivo da qualidade é aquilo que é buscado ou almejado, no que diz respeito à qualidade. (ISO 9000)

Normalmente, as empresas elaboram um quadro para a apresentação de seus objetivos da qualidade, identificando quais serão os indicadores para o monitoramento e quais as metas de desempenho para determinado período.

Tabela 6.1: Objetivos da Qualidade

Objetivo da qualidade	Indicador da qualidade	Meta

A Alta Direção tem um papel importante na implementação do Sistema de Gestão da Qualidade.

O padrão normativo define na Cláusula 5 a responsabilidade da direção e os requisitos a serem atendidos pela alta direção para promover a manutenção do sistema da qualidade. Entretanto, de nada adianta atender aos requisitos se não houver um verdadeiro envolvimento da direção.

O aspecto primordial que comprova e evidencia, de maneira documentada, o envolvimento da alta direção são as reuniões de análise crítica realizadas periodicamente, que têm como entradas todas as informações de monitoramento e desempenho dos processos durante o período estabelecido e como saídas, todas as ações a serem implementadas para a manutenção e melhoria do desempenho dos processos cujos dados foram analisados.

Geralmente, a análise feita pela alta direção apresenta como saída a definição das necessidades de recursos, decisões e ações de melhoria para os processos, os produtos e a eficácia do Sistema de Gestão da Qualidade.

Para o atendimento ao padrão normativo, deve-se apresentar o registro da realização da análise crítica, considerando todos os aspectos já abordados com entradas e saídas desta análise. Usualmente são elaboradas atas das reuniões, evidenciando, desta forma, o adequado atendimento da exigência.

Requisitos de Controle de Documento

O controle de documentos requeridos pelo Sistema de Gestão da Qualidade é um procedimento obrigatório. A Cláusula 4.2.3 estabelece que um procedimento documentado deve definir os controles necessários para:

- aprovar documentos quanto à sua adequação, antes de sua emissão;
- analisar criticamente, atualizar e, quando necessário, reaprovar documentos;
- assegurar que alterações e a situação da revisão atual dos documentos sejam identificadas;
- assegurar que as versões pertinentes de documentos aplicáveis estejam disponíveis nos locais de uso;
- assegurar que documentos de origem externa sejam identificados e que sua distribuição seja controlada;
- evitar o uso não intencional de documentos obsoletos e aplicar identificação adequada nos casos em que forem retidos por qualquer propósito.

Deve estar claramente definido quem será autorizado a analisar criticamente e aprovar a documentação do sistema da qualidade e quaisquer alterações realizadas. A alta direção deverá definir quem será o responsável por essa atribuição.

Usualmente cada documento deve apresentar a revisão atual e a data de edição. Além disso, recomenda-se que seja incluída no documento uma página de alterações onde, a cada revisão realizada, serão registradas as alterações efetuadas no documento.

Como o sistema da qualidade possui vários documentos, uma lista mestra deve relacionar todos eles, indicando-se sempre a revisão atual e a data da edição. Essa lista também é um documento da qualidade e, desta forma, estará sujeita ao mesmo tipo de controle dos outros documentos.

Pode haver uma única lista mestra para todos os documentos do sistema ou várias listas mestras abrangendo várias categorias de documentos utilizados no sistema da qualidade.

O Controle da Distribuição dos Documentos pela Empresa

Sem dúvida, este é um grande cuidado a ser tomado para que sejam evitadas as situações em que documentos obsoletos estejam sendo utilizados. Para eliminar este risco, deve ser elaborada uma lista de distribuição dos documentos para aqueles que realmente necessitem ter acesso a eles.

Cuidado! Nem todas as pessoas deverão receber cópias individuais. Se agir assim, você ficará louco!

A ideia é assegurar que as funções tenham acesso imediato às versões em vigência no sistema da qualidade.

O mesmo controle deverá ser feito para os documentos de origem externa. Lembre-se de que se esses documentos forem incorporados ao sistema da qualidade sua distribuição também deverá ser controlada.

Posso Manter um Sistema da Qualidade sem Papel?

Atualmente, muitas empresas têm investido muito em sistemas de rede para o seu gerenciamento, o que pode facilitar bastante o controle de distribuição, desde que todos os usuários tenham acesso aos documentos em suas estações de trabalho.

O acesso aos documentos pelos usuários pode ser realizado por meio de senhas. O conjunto de documentos do sistema da qualidade deverá ser mantido no servidor, e as revisões e as alterações poderão ser limitadas às funções definidas pela alta direção, por meio de uma senha de acesso específica para este mecanismo.

Para evitar problemas com a utilização de cópias impressas que possam estar obsoletas, é recomendável que seja definido, para um sistema em rede, que as cópias impressas sejam não controladas, não podendo, assim, ser utilizadas como referência.

Como Fazer o Controle dos Registros da Qualidade

O padrão normativo estabelece em sua Cláusula 4.2.4 que a organização deve manter um procedimento documentado para definir os controles necessários para identificação, armazenamento, proteção, recuperação, tempo de retenção e descarte dos registros.

Registros são documentos que apresentam resultados obtidos ou fornecem evidências de atividades realizadas. (ISO 9000)

Manter os registros da qualidade é uma forma que a organização tem para evidenciar a conformidade com os requisitos e a eficácia do Sistema de Gestão da Qualidade.

Se os registros são documentos tão importantes para o sistema da qualidade, é necessário que sejam definidos um único formato e uma maneira padronizada para a apresentação dos mesmos.

Formulários da Qualidade

Os formulários fazem parte da documentação do sistema da qualidade, porém possuem uma função um pouco diferente dos outros tipos de documentos, como manuais, procedimentos e instruções de trabalho.

Quando ou enquanto o formulário estiver em branco, será um documento da qualidade, de natureza instrutiva. A partir do momento em que for preenchido com as informações e dados necessários, tornar-se-á registro da qualidade.

Os formulários da qualidade podem ser preparados como:

- matrizes;
- tabelas;
- listas de verificação;
- questionários;
- outros formatos.

Deve-se ter cuidado com as revisões realizadas nos formulários, pois estes normalmente são reproduzidos em grande quantidade para o posterior preenchimento. Em caso de alteração, a versão anterior deverá ser recolhida para que seja evitada a utilização de um formulário obsoleto.

Plano da Qualidade

Documento que especifica quais procedimentos e recursos associados devem ser aplicados, por quem e quando, em um projeto, produto ou contrato específico. (ISO 9000)

Os planos da qualidade são mais utilizados na indústria da construção civil por serem, com frequência, uma exigência contratual. Na indústria de manufatura não é um documento muito comum.

Os planos da qualidade são utilizados, basicamente, pelas organizações envolvidas no fornecimento de produtos exclusivos ou altamente personalizados.

O Que Veremos no Próximo Capítulo...

Neste capítulo foram apresentados todos os tópicos relacionados com a alta direção e parte da documentação exigida pelo Sistema de Gestão da Qualidade.

Nem todos os procedimentos mandatórios foram abordados aqui, porque serão tratados com maior profundidade nos próximos capítulos.

A seguir, trataremos de todos os aspectos relacionados ao "fazer com qualidade", desde o desdobramento dos objetivos da qualidade em todos os níveis, passando pela gestão dos recursos, até a completa realização do produto.

CAPÍTULO 7

Colocando em Prática os Conceitos da Qualidade

Após a apresentação do projeto ao empreendedor, passa-se à etapa da implementação do Sistema de Gestão da Qualidade. Normalmente, é nessa fase que surgem os maiores desafios para a organização.

Uma vez que se tenha conhecimento de toda a parte estrutural do Sistema de Gestão da Qualidade, no que diz respeito à documentação exigida pelo padrão normativo e à documentação criada pela organização, temos agora de desenhar as sistemáticas de realização dos produtos, aplicar os recursos necessários e estabelecer os mecanismos de monitoramento para a adequada implementação do sistema.

Para isso precisamos, após a definição da Política da Qualidade, elaborar um planejamento da qualidade, em que deverão ser definidos os objetivos da qualidade. Esses objetivos devem estar alinhados com a política e os seus resultados serão monitorados periodicamente de maneira que seja possível a tomada de ações quando algum objetivo não estiver sendo atendido.

Figura 7.1: O Desdobramento da Política da Qualidade em Objetivos

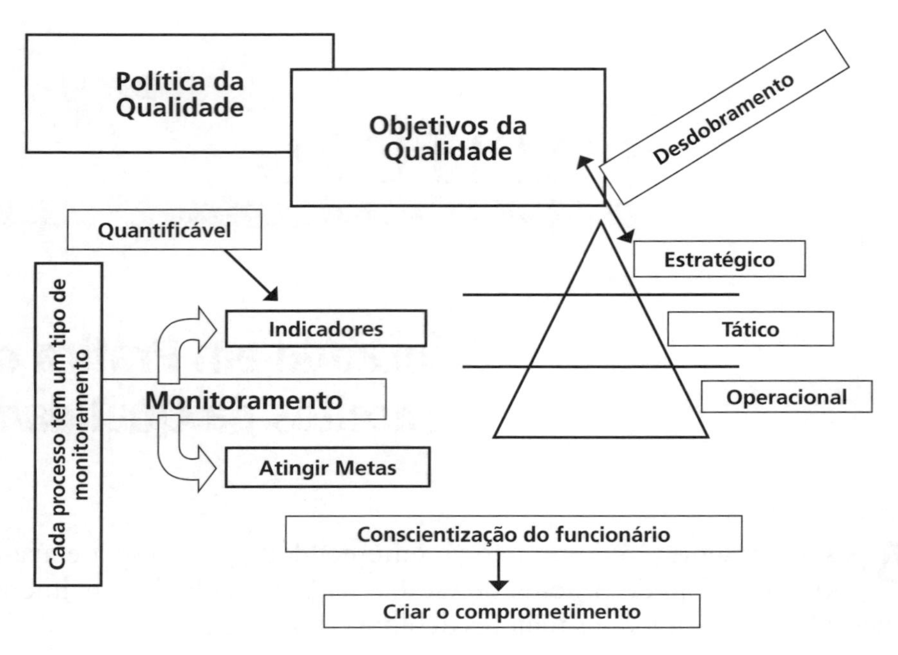

A definição dos objetivos é de extrema importância para o sistema e para a organização, pois além de ser a principal referência para o monitoramento do sistema da qualidade como um todo, será também a referência para que a organização possa visualizar as evidências de melhorias obtidas com o sistema implementado, conforme a abordagem do capítulo anterior.

A figura 7.1 mostra que a Política da Qualidade deve ser desdobrada em objetivos que estarão no nível estratégico, ou seja, vão estabelecer um foco para dirigir a organização. Os resultados do monitoramento auxiliarão a organização na aplicação de seus recursos.

Para o atendimento desses objetivos, no entanto, a empresa deverá fazer um desdobramento deles em todos os níveis, identificando outros objetivos para as outras funções existentes, de maneira que haja um alinhamento e uma convergência das iniciativas para o atendimento à política da qualidade.

Surge então, a necessidade de um intensivo trabalho de conscientização para que os colaboradores entendam como atenderão à Política da Qualidade, pela realização de suas atividades dentro da organização. Esse entendimento será fundamental, pois com essa percepção e comprometimento dos funcionários ficará muito mais fácil conseguir com que todos entendam as diretrizes do Sistema de Gestão da Qualidade e o que deverão fazer para atender à Política da Qualidade.

Essa abordagem deve ser tratada por processos. Todos os colaboradores devem entender que suas atividades fazem parte dos processos da empresa, que muitas vezes interagem entre si, criando uma interdependência entre as diversas áreas da organização e gerando maior comprometimento dessas áreas com os resultados de desempenho global do Sistema de Gestão da Qualidade.

De maneira direta, todos devem entender que, muitas vezes, os esforços isolados pouco contribuem em termos de resultados práticos para o sistema e que o comprometimento de todos os colaboradores envolvidos nas atividades e, por consequência, nos processos da empresa, possibilitará a obtenção de resultados alinhados aos objetivos do Sistema de Gestão da Qualidade da organização.

A figura 7.2 mostra uma visão bem estruturada de como se deve abordar a visão de processos para uma organização.

Figura 7.2: Descrição do Macroprocesso da Empresa

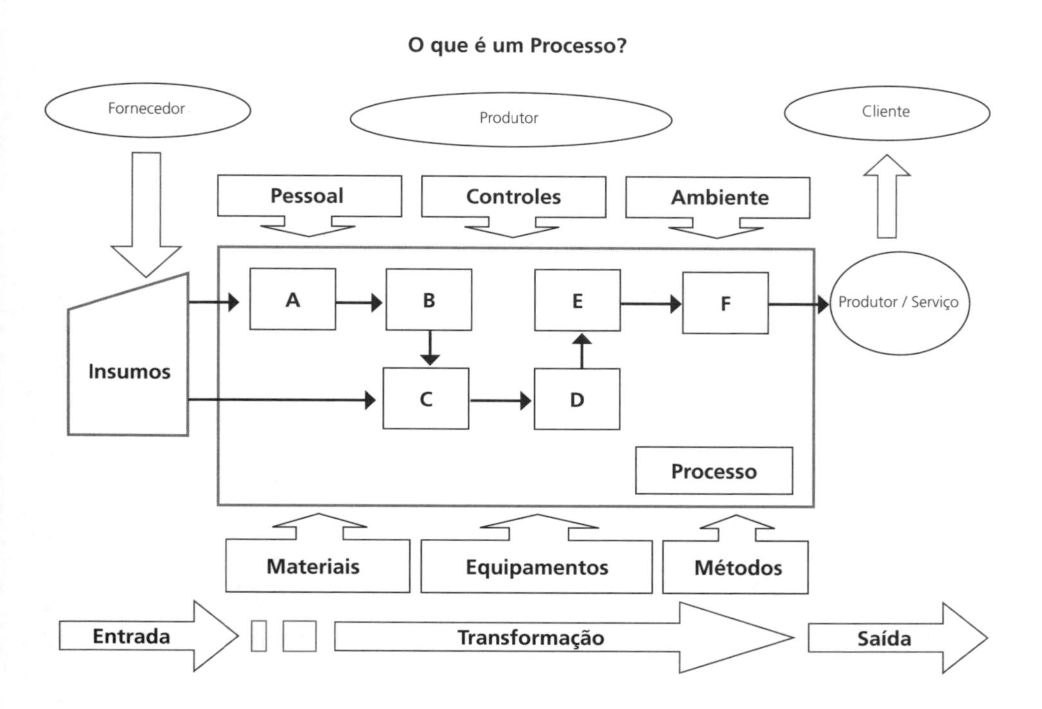

A figura 7.2 também demonstra, em linhas gerais, os principais aspectos a serem considerados quando se faz uma abordagem de processos para uma organização. O padrão normativo estabelece cláusulas que tratam especificamente de cada parte deste macroprocesso. Com a implementação do sistema, ficará muito mais fácil fazer o desdobramento dos objetivos em relação aos níveis tático e operacional.

A Gestão dos Recursos

Para que um processo seja realizado, é necessário que se faça uma adequada provisão de recursos. O Capítulo 6 da norma ISO 9001 trata exclusivamente da gestão dos recursos.

Toda organização deve determinar e fornecer os recursos necessários para estabelecer e manter o Sistema de Gestão da Qualidade e melhorar sua eficácia, aumentando a satisfação do cliente.

O primeiro recurso a ser considerado são as pessoas. Os recursos humanos compreendem as pessoas que executam os trabalhos que podem afetar a qualidade do produto, as quais devem ter a competência desejada.

Para que atenda aos requisitos referentes à competência, conscientização e treinamento das pessoas, uma organização deve:

- determinar a competência necessária para a realização de trabalho que afete a qualidade do produto;
- prover treinamento ou tomar outra ação para satisfazer essas necessidades;
- avaliar a eficácia da ação tomada;
- assegurar que os empregados estejam conscientes da relevância e da importância de suas atividades e de como eles contribuem para a consecução dos objetivos da qualidade;
- manter registros apropriados de educação, treinamento, habilidades e experiência.

Para o atendimento destes requisitos, cada organização deverá escolher, entre as principais formas de treinamento, a mais adequada, de maneira que atenda às suas necessidades nas situações específicas.

A norma **ISO 10015 – Gestão da Qualidade – Diretrizes para Treinamento** pode ser uma rica fonte de informações para aqueles que pretendem implementar o processo de treinamento de maneira bastante estruturada.

Em seu Capítulo 4, essa norma relaciona quatro estágios para o desenvolvimento de um programa de treinamento:

a) **Definição das necessidades de treinamento**

Este é um processo que deve respeitar as seguintes etapas:

1. definição das necessidades da organização;
2. definição e análise dos requisitos de competência;
3. análise crítica das competências;
4. definição das lacunas de competência;
5. identificação de soluções para eliminar lacunas de competência;
6. definição da especificação das necessidades de treinamento.

b) **Projeto e planejamento do treinamento**

Para este processo deverão ser respeitadas as seguintes etapas:

1. definição das restrições;
2. métodos de treinamento e critérios para seleção;
3. especificação do programa de treinamento;
4. seleção do fornecedor de treinamento.

c) **Execução do treinamento**

Para este processo, é muito importante que a organização se preocupe em obter e manter os registros da realização do treinamento. Esses registros serão as evidências de que os aspectos de treinamento, educação, habilidades e experiência estão sendo atendidos.

Os registros podem ser apresentados de diversas formas, entre elas:

- diplomas ou certificados;
- registros de treinamento;
- anotações em registro de turno;
- anotações de reuniões;
- listas de presença dos treinamentos;

- *curriculum vitae*;
- resultados de testes realizados;
- histórico de emprego.

d) **Avaliação dos resultados de treinamento**

Assim como outros processos da organização, o processo de treinamento também deve ser avaliado. Existem várias formas de avaliar a eficácia de um treinamento para atingir a desejada competência dos participantes.

Usualmente são utilizados os seguintes mecanismos:

- avaliação do desempenho do participante durante o treinamento;
- exames e provas ao final do treinamento;
- avaliação do desempenho do participante no trabalho, utilizando-se como critérios: produtividade, redução de refugos, eficiência, entrevistas com as pessoas e avaliação anual.

Cada organização deverá definir qual a melhor estratégia a ser utilizada para que esse requisito seja atendido. Contudo, pensando estrategicamente, podemos utilizar como medidas para o processo de treinamento os seguintes pontos:

- análises críticas do desempenho;
- avaliação dos indicadores de desempenho, qualidade ou outros indicadores;
- análises críticas de custo;
- avaliação da satisfação dos clientes.

Dentre as principais formas de treinamento, podemos destacar:

- treinamento na forma de curso, ministrado por um instrutor;
- treinamento prático de experiência (no posto de trabalho);
- instrução individual ou em grupo;
- ensino à distância;
- treinamento com a utilização de tecnologias como CD-ROM, Internet, etc.;

- realização de *workshops*;
- outras formas definidas pela organização.

Definidas as competências desejadas e a melhor forma para a realização dos treinamentos, precisamos levar em conta outros tipos de recursos para a implementação do Sistema de Gestão da Qualidade.

Infraestrutura

É o sistema de instalações, equipamentos e serviços necessários para a operação de uma organização. (ISO 9000)

A Cláusula 6.3 define que uma organização deve determinar, fornecer e manter uma infraestrutura necessária para atingir a conformidade do produto. Essa infraestrutura deve incluir:

- edifícios, espaço de trabalho e instalações associadas;
- equipamentos de processo, *hardware* e *software*;
- serviços de apoio, tais como transporte e comunicação.

Apesar de ser um item aparentemente óbvio, para que se implemente o Sistema de Gestão da Qualidade em uma organização, esses recursos deverão estar adequados para garantir a conformidade durante a realização do produto.

Ambiente de Trabalho

É o conjunto das condições sob as quais um trabalho é realizado. (ISO 9000)

A Cláusula 6.4 define que a organização deve determinar e gerenciar o ambiente de trabalho necessário para atingir a conformidade com os requisitos do produto.

A organização deve dedicar atenção aos fatores do ambiente de trabalho, que possam influenciar a conformidade durante a realização do produto. Dentre os principais fatores, podemos destacar:

Fatores humanos

- aspectos relacionados à ergonomia;
- instalações especiais para as pessoas;
- regras e orientações de segurança;
- aplicação de métodos criativos de trabalho;
- aspectos que melhorem o envolvimento das pessoas.

Fatores físicos

- calor e frio (preocupação com temperaturas extremas no ambiente);
- iluminação adequada nos centros de trabalho;
- limpeza do ambiente de trabalho;
- ventilação;
- poluição;
- umidade;
- higiene;
- outros.

Vale destacar que esses fatores devem ser gerenciados para que a conformidade dos produtos seja atingida, ainda que não tenham sido relacionados os requisitos legislativos relativos à Segurança e Saúde Ocupacional e à Proteção ao Meio Ambiente.

Apresentados os recursos para a implementação do Sistema de Gestão da Qualidade, precisamos agora identificar todos os passos necessários para a realização do produto.

Passos para a Realização do Produto

Antes de qualquer coisa, a organização deve planejar e desenvolver os processos necessários para a realização do produto. A ISO 9001 contempla esse aspecto na Cláusula 7.1 – Planejamento dos processos de realização. Ao realizar esse planejamento, a organização deverá determinar:

- os objetivos da qualidade para o produto;
- a necessidade de estabelecer processos, documentos e fornecer recursos específicos para o produto;
- a verificação requerida, a validação, o monitoramento, a inspeção e as atividades de ensaio específicas para o produto e os critérios para aceitação do produto;
- os registros necessários para demonstrar que os processos de realização e o produto resultante atendem aos requisitos.

Note que essa cláusula aborda exatamente a visão geral apresentada na figura 2 – Descrição do Macroprocesso da Empresa, porém precisamos identificar quais são os requisitos estabelecidos pelo cliente, já que o padrão normativo tem foco na eficácia do sistema. E só poderemos chegar a essa eficácia se o produto entregue satisfizer os requisitos estabelecidos pelo cliente.

A Cláusula 7.2 da norma ISO 9001 – Processos Relacionados ao Cliente – estabelece quais serão os cuidados que a organização deverá tomar em relação à:

- determinação de requisitos relativos ao produto;
- análise crítica dos requisitos relativos ao produto;
- comunicação com o cliente.

Para a determinação dos requisitos relativos ao produto, a organização deverá levar em conta:

- os requisitos especificados pelo cliente, inclusive os de atividades de entrega e pós-entrega;
- os requisitos não declarados pelo cliente, porém necessários para a utilização especificada ou conhecida e para o uso pretendido;
- os requisitos estatutários e regulamentares relativos ao produto;
- quaisquer requisitos adicionais determinados pela organização.

Note que existe uma grande preocupação nessa fase de planejamento para que na implementação do sistema da qualidade se tenha realmente o direcionamento em busca da satisfação dos clientes.

Analisar criticamente os requisitos relativos ao produto significa que, antes do comprometimento para fornecimento ao cliente, a organização deverá assegurar que:

- os requisitos do produto sejam definidos;
- quaisquer requisitos de contrato ou pedido que sejam diferentes daqueles previamente expressos sejam resolvidos;
- tem a capacidade de atender aos requisitos definidos.

Quando a organização não recebe uma declaração documentada dos requisitos, deve confirmá-los antes da aceitação. Os resultados da análise crítica e as ações de acompanhamento devem ser registrados.

Em caso de alterações dos requisitos, a organização deve assegurar que toda a documentação seja devidamente alterada e que todo o pessoal envolvido seja informado sobre as alterações.

Após a definição do planejamento da realização do produto levando em conta os requisitos relacionados pelo cliente, a organização deverá estabelecer mecanismos para que a comunicação com o cliente seja realizada de maneira eficaz.

A Subcláusula 7.2.3 – Comunicação com o cliente – estabelece quais são as providências a serem tomadas pela organização para a eficácia desta comunicação, levando em conta:

- informações sobre o produto;
- tratamento de cotações, contratos ou pedidos, inclusive alterações;
- retorno de informação do cliente, inclusive reclamações de clientes.

Manter um canal de comunicação com os clientes é, sem dúvida, um dos aspectos de grande importância para o sistema da qualidade. Se o foco é a eficácia, precisamos saber exatamente o que o cliente gostaria de receber para que os esforços sejam direcionados e, consequentemente, mais eficazes.

Projeto e Desenvolvimento

Conjunto de processos que transformam requisitos em características especificadas ou em especificação de um produto, processo ou sistema.
(ISO 9000)

Após a realização do planejamento da realização do produto e da identificação dos processos relacionados ao cliente, precisamos efetivamente elaborar o projeto do produto. Nessa fase, precisamos nos preocupar com as fases de planejamento considerando entradas e saídas, análise crítica, verificação, validação e controle das possíveis alterações no projeto.

O planejamento do projeto e seu desenvolvimento são apresentados na Cláusula 7.3.1 da norma ISO 9001, a qual estabelece que a organização deve planejar e controlar o projeto e o desenvolvimento do produto. Para tanto, a organização deverá determinar quais são os estágios do projeto, como serão realizadas a análise crítica, as verificações e validações e como serão definidas as responsabilidades e autoridades dos envolvidos no projeto.

Nessa fase é importante que as interfaces entre os grupos envolvidos no projeto tenham uma comunicação bastante eficaz e uma clareza em relação à definição das responsabilidades, para que seja alcançada a eficácia desejada.

Para realizar um projeto, precisamos ter claramente definidas quais são as entradas para esse projeto. O padrão normativo estabelece que as entradas relativas aos requisitos dos produtos devem incluir:

- os requisitos funcionais e de desempenho;
- os requisitos estatutários e regulamentares aplicáveis;
- informações derivadas de outros projetos similares, realizados anteriormente;
- outros requisitos essenciais para o projeto e desenvolvimento.

As entradas de projeto devem ser analisadas criticamente quanto à adequação e devem ser mantidos registros dessa etapa do projeto.

Os resultados são identificados na Cláusula 7.3.3 – Saídas de Projeto e Desenvolvimento – na qual é estabelecido que a organização deve apresentar as saídas de projeto de maneira que estejam em conformidade com os requisitos de entrada, devendo ser aprovados antes de serem liberados.

O padrão normativo estabelece que as saídas devem:

- atender aos requisitos especificados;
- fornecer informações apropriadas para as operações de aquisição, de produção e de serviços associados;
- conter ou referenciar os critérios de aceitação do produto;
- especificar as características do produto que são essenciais para sua utilização segura e adequada.

Avaliar os resultados de cada atividade é uma maneira de prevenir possíveis problemas. Dessa forma, na etapa de projeto, essa avaliação também deve ser considerada. A análise crítica do projeto tem como objetivos:

- avaliar a capacidade dos resultados de projeto e desenvolvimento atenderem aos requisitos;
- identificar problemas e propor as soluções necessárias.

É fundamental a participação de todos os interessados na análise crítica do projeto. A verificação do projeto deve ser realizada para assegurar que as saídas de projeto tenham atendido aos requisitos de entrada de projeto e de desenvolvimento. Registros dos resultados da verificação e quaisquer ações necessárias devem ser mantidos.

A validação do projeto deve ser realizada para confirmar que o produto resultante é capaz de atender aos requisitos para o uso especificado ou o uso pretendido conhecido. Essa validação deve ser concluída antes da entrega ou implementação e deve ser realizada de acordo com o que foi planejado.

As alterações de projeto devem ser controladas e identificadas e os registros dessas alterações devem ser mantidos. Essas alterações também devem ser analisadas criticamente, verificadas e validadas, conforme seja apropriado, e aprovadas antes da implementação.

Quando se realiza uma análise crítica das alterações, deve-se avaliar o efeito das alterações sobre os componentes e sobre os produtos entregues. Os registros dos resultados dessas análises devem ser mantidos.

Consolidadas todas as informações relativas à realização do projeto do produto, surge a necessidade de conhecermos o processo de aquisição. A realização do produto depende muito dos insumos, e o padrão normativo é definido pela Cláusula 7.4 – Aquisição – para o tratamento desse requisito.

O Desenvolvimento de Fornecedores

Fornecedor é uma organização ou pessoa que fornece um produto.
(ISO 9000)

Para a realização do processo de aquisição, a empresa deverá desenvolver os seus fornecedores de produtos e serviços de modo que atenda aos requisitos necessários, para a devida realização do produto.

Apesar de o padrão normativo ser bastante flexível em relação a esse item, a organização deve ser muito ativa quanto ao controle de fornecedores. Não é o padrão normativo que define como deverá ser realizado esse controle, porém a organização deverá assegurar que o produto adquirido esteja em conformidade com os requisitos.

Para tanto, os fornecedores deverão ser avaliados e selecionados com base na sua capacidade de fornecer produtos conformes. Os resultados dessas avaliações deverão ser registrados e esses registros deverão ser mantidos.

Não é explicitamente requerido um procedimento documentado para esse item, porém, em geral, as organizações acabam por desenvolver e documentar um procedimento em que os critérios para seleção, avaliação e reavaliação fiquem bem definidos.

O tipo e a extensão do controle dependerão do impacto do produto adquirido sobre os processos subsequentes de realização do produto ou sobre o produto final.

Após a definição dos fornecedores, a organização deverá assegurar a adequação dos requisitos especificados, antes de sua comunicação com o fornecedor. Portanto, as informações de aquisição devem descrever o produto, incluindo os requisitos para aprovação ou qualificação de:

- produto;
- procedimentos;
- processos;

- equipamentos;
- qualificação do pessoal;
- Sistemas de Gestão da Qualidade.

Definidos os processos de seleção de fornecedores e de aquisição dos produtos, a próxima etapa será definir o processo de verificação dos produtos adquiridos.

A organização deve estabelecer e implementar a inspeção ou outras atividades que sejam necessárias para assegurar que os produtos adquiridos atendam aos requisitos especificados.

Existe a hipótese de a organização executar a verificação nas instalações do fornecedor. Para essa situação, deverá declarar nas informações de aquisição as providências de verificação pretendidas e o método de liberação do produto.

Controle de Produção e Provisão de Serviço

A Cláusula 7.5.1 da norma ISO 9001 define que a organização deve planejar e realizar a produção e a provisão de serviço, sob condições controladas. Essas condições controladas devem incluir, quando aplicável:

- a disponibilidade de informações que descrevam as características dos produtos;
- a disponibilidade das instruções de trabalho;
- a utilização de equipamentos adequados;
- a disponibilidade e utilização de dispositivos de monitoração e medição;
- a implementação de monitoração e medição;
- a implementação das atividades de liberação, entrega e pós-entrega.

Assim como o processo de projeto e desenvolvimento, os processos para produção e provisão de serviço devem ser validados para demonstrar sua capacidade de atingir os resultados planejados.

Os processos para validação deverão incluir, quando aplicável:

- critérios definidos para análise crítica e aprovação dos processos;
- qualificação de pessoal e aprovação de equipamentos;
- uso de métodos e procedimentos específicos;
- requisitos de registros;
- revalidação.

Não podemos deixar de considerar que existem processos em que as deficiências só se tornam aparentes quando o produto está em uso ou após o serviço ter sido entregue. Nesse caso, os processos deverão ser validados para demonstrar sua capacidade de atingir os resultados planejados.

Identificação e Rastreabilidade

Os aspectos relacionados à identificação e rastreabilidade são muito importantes para o Sistema de Gestão da Qualidade, pois possibilitam a rápida localização de determinado lote de produto.

A Cláusula 7.5.3 estabelece que, quando apropriado, a organização deve identificar o produto por meios adequados em toda sua realização.

A situação do produto em relação aos requisitos de monitoração e medição também deve estar identificada.

Rastreabilidade é a capacidade de recuperar o histórico, a aplicação ou a localização daquilo que está sendo considerado. (ISO 9000)

Quando a rastreabilidade for um requisito, a organização deve controlar e registrar a identificação exclusiva do produto.

Propriedade do Cliente

Não pense que por ser um produto do cliente, você não precisa se preocupar!

A organização deve definir uma sistemática para identificar, verificar, proteger e salvaguardar a propriedade do cliente, fornecida para uso ou incorporação ao produto.

Não é requerido um procedimento documentado para esse aspecto, porém os cuidados a serem tomados deverão ser idênticos àqueles tomados com os produtos da organização.

A propriedade do cliente também pode incluir a propriedade intelectual. Dessa forma, as informações fornecidas em caráter confidencial também deverão ser consideradas para a sistemática implantada.

Preservação do Produto

A conformidade do produto deve ser preservada pela organização durante o processamento interno e a entrega à destinação pretendida. Esta preservação deve incluir a identificação, o manuseio, a embalagem, o armazenamento e a proteção do produto. Peças e componentes também deverão ser preservados pelo mesmo procedimento.

Equipamentos de Medição, Inspeção e Ensaio

Estes aspectos são de extrema relevância, pois estão diretamente ligados à verificação das características dos produtos e estes, portanto, devem ser devidamente controlados.

Equipamento de medição é um instrumento de medição, programa de computador, padrão de medição, material de referência ou dispositivos auxiliares, ou a combinação deles, necessários para executar um processo de medição.
(ISO 9000)

Dessa forma, a organização deve determinar a monitoração e as medições a serem feitas e os dispositivos de medição e monitoração necessários para fornecer evidência de conformidade do produto.

Para tanto, a Cláusula 7.6 da norma ISO 9001 estabelece que as organizações devem:

- calibrar ou verificar os dispositivos de medição e monitoração, em intervalos especificados, ou antes do uso, dentro dos padrões nacionais ou internacionais. Quando não existirem esses padrões, registrar a base de medição e monitoração utilizada;

- ajustar ou reajustar, conforme for necessário;
- identificar a situação de calibração;
- salvaguardar os dispositivos de medição e monitoração de ajustes que invalidem a calibração;
- fazer uso do manuseio, manutenção, preservação e armazenamento que proteja os dispositivos de dano e deterioração;
- registrar os resultados da calibração e verificação;
- avaliar e registrar a validade dos resultados anteriores, quando qualquer dispositivo for encontrado fora de calibração.

Para determinados tipos de organizações que atuam exclusivamente com a prestação de serviços esta cláusula pode ser exclusa, desde que devidamente justificada na documentação do Sistema de Gestão da Qualidade.

O Que Veremos no Próximo Capítulo...

Neste capítulo foram apresentados todos os tópicos relacionados com o desdobramento da Política da Qualidade, a gestão dos recursos necessários para a implementação do Sistema de Gestão da Qualidade e os passos para a realização do produto.

Dessa forma, temos praticamente uma visão global da abrangência de um Sistema de Gestão da Qualidade, conforme pré-estabelecido pelo próprio sistema. Ainda restam ser apresentados os mecanismos e as exigências do padrão normativo, com relação aos processos de medição, análise e implementação de melhorias.

Para tanto, a proposta do próximo capítulo é fazer uma abordagem sobre os métodos de monitoramento, a definição de indicadores e as ações a serem tomadas com base na análise dos dados obtidos, com o adequado monitoramento dos processos do sistema da qualidade.

CAPÍTULO 8

Monitore para Tomar o Rumo Certo

Nenhum vento é bom para quem não sabe aonde ir. (autor desconhecido)

O grande desafio para a alta direção não é definir os objetivos e as metas para a organização, mas criar os mecanismos adequados para monitorar os resultados obtidos.

De nada adianta a definição de metas, se não forem utilizados indicadores adequados para o acompanhamento dos resultados das ações tomadas e, principalmente, do reflexo destas ações perante a percepção dos clientes internos e externos da organização.

Novamente precisamos retomar a abordagem de processo para iniciarmos a análise e posterior definição dos indicadores:

Figura 8.1: Diagrama de Processo

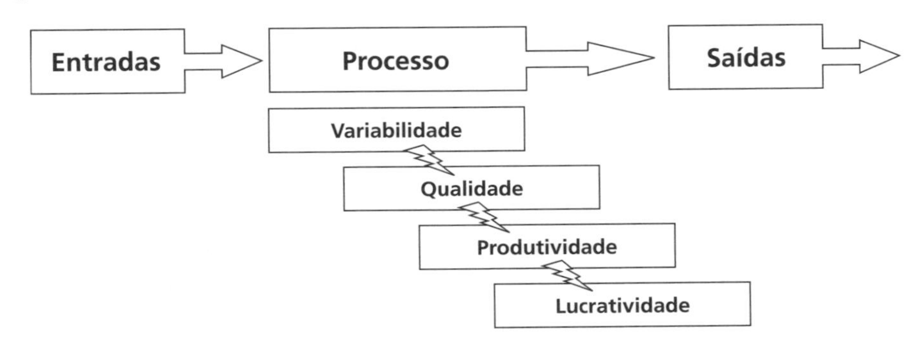

Na figura 8.1, podemos identificar as principais características de um processo. A primeira característica é a variabilidade. Esta poderá estar relacionada aos resultados da realização do produto sob os aspectos relacionados à qualidade e à produtividade.

Conforme o esquema, podemos verificar a relação destas características com a lucratividade. Vamos fazer uma análise rápida para entendermos esta relação.

Imagine que você seja o cliente de uma empresa e receba mensalmente um determinado tipo de produto. Sua empresa possui um Sistema de Gestão da Qualidade certificado pela norma ISO 9001 e, em virtude deste sistema, você precisa avaliar o processo de aquisição e, consequentemente, seus fornecedores.

Se durante os fornecimentos houver muita variabilidade com relação à qualidade dos produtos recebidos, isto poderá comprometer a conformidade da realização de seus produtos, o que afetará sua lucratividade.

Em contrapartida, quanto menor for a variabilidade dos processos melhores serão a qualidade e a produtividade, o que acarretará em maior lucratividade, pois estaremos utilizando os recursos da melhor maneira possível, e os produtos estarão em conformidade com os requisitos estabelecidos.

O padrão normativo estabelece em sua Cláusula 8 que uma organização deve planejar e implementar os processos necessários de monitoramento, medição, análise e melhoria para:

- demonstrar conformidade do produto;
- assegurar conformidade do Sistema de Gestão da Qualidade;
- melhorar continuamente a eficácia do Sistema de Gestão da Qualidade.

Para realizarmos adequadamente estes monitoramentos, precisamos nos preocupar em definir os indicadores para os processos.

Indicadores

Um indicador é uma representação de uma medição e também pode ser definido como a comparação de dois dados logicamente relacionados. Normalmente são utilizados para monitorar resultados de processos (eficácia ou eficiência), objetivos e metas da qualidade, rendimento de máquinas, entre outros.

Indicadores de Eficácia

Os indicadores de eficácia medem se a empresa faz o que deve ser feito, partindo das necessidades do cliente, interna ou externamente. Com estes indicadores podemos visualizar até que ponto os resultados de um processo ou atividade atendem aos requisitos do cliente ou dos usuários.

São indicadores externos aos processos e estão, direta ou indiretamente, associados à satisfação dos clientes. Como visam à eficácia, medem as saídas dos processos (produtos e/ou serviços).

Indicadores de Eficiência

São os indicadores internos ao processo e medem a eficiência, ou seja, analisam os resultados obtidos por meio dos recursos necessários utilizados para gerar os produtos ou serviços.

Normalmente diz-se que um Sistema de Gestão é eficiente quando atinge os resultados desejados por meio de uma adequada utilização dos recursos (incluindo os fornecedores) disponíveis.

Agora que conhecemos a definição de indicador e os tipos mais utilizados pelas organizações, voltemos aos requisitos estabelecidos pelo padrão normativo.

A norma ISO 9001 estabelece a Cláusula 8.2 – Monitoração e medição, que é subdividida em quatro tópicos:

- satisfação do cliente;
- auditoria interna;
- medição e monitoramento dos processos;
- monitoração e medição do produto.

Satisfação do Cliente

A organização deve monitorar as informações relativas à percepção do cliente, ou seja, verificar se as solicitações do cliente estão sendo atendidas e se ele está satisfeito com o atendimento.

Note que para este tipo de monitoramento precisamos definir indicadores de eficácia. Um mecanismo largamente utilizado pelas organizações são as pesquisas de satisfação, em que os clientes têm a oportunidade de expressar sua percepção em relação aos resultados (produtos e/ou serviços) recebidos.

Auditoria Interna

A organização deve executar, em intervalos planejados, as chamadas auditorias internas, que determinam se o Sistema de Gestão da Qualidade está em conformidade com os requisitos do padrão normativo e do Sistema de Gestão da Qualidade estabelecido pela organização. As auditorias ainda verificam se este sistema está mantido e implementado de maneira eficaz.

Não se define a periodicidade da realização das auditorias internas, porém quando a organização estiver planejando o seu programa de auditorias deverá levar em conta não só a situação e importância da atividade, área ou item a serem auditados, como também os resultados de auditorias anteriores.

A Subcláusula 8.2.2 – Auditoria Interna requer um procedimento documentado em que sejam registrados as responsabilidades e os requisitos para o planejamento e execução de auditorias, assim como relatados os resultados e a manutenção dos registros.

Critérios de auditoria são o conjunto de políticas, procedimentos ou requisitos usados como uma referência.
(ISO 9000)

Os critérios da auditoria, escopo, frequência e métodos também devem ser definidos.

A Seleção de Auditores

Auditor é a pessoa com competência para realizar uma auditoria.
(ISO 9000)

A seleção de auditores e a execução das auditorias devem assegurar a objetividade e a imparcialidade do processo. Os auditores não devem auditar o seu próprio trabalho.

O responsável pela área auditada deve assegurar que as ações sejam executadas, sem demora indevida, para eliminar não conformidades detectadas e suas causas. As atividades de acompanhamento devem incluir a verificação das ações executadas e o relato dos resultados de verificação.

Medição e Monitoramento dos Processos

Se não posso medir, não posso controlar.

A Subcláusula 8.2.3 da norma ISO 9001 define que a organização deve utilizar métodos adequados para monitoramento e, onde aplicável, medição dos processos do Sistema de Gestão da Qualidade. Quando os resultados planejados não forem atingidos, a correção e a ação corretiva devem ser tomadas, conforme apropriado, para assegurar a conformidade do produto.

Note que a observação da norma está voltada para a eficácia dos processos. Todos os processos do Sistema de Gestão da Qualidade devem ser eficazes. Novamente os indicadores surgem como uma maneira conveniente de orientar uma organização a atingir os objetivos estabelecidos.

Gerenciar um processo significa:

- saber quais são os resultados esperados do processo e as expectativas dos clientes;
- avaliar onde as medições são necessárias;
- verificar o comportamento atual do processo, realizando medições;
- fazer alterações nos processos para ajustar o seu desempenho, se necessário;
- continuar medindo periodicamente para assegurar-se de que o processo permaneça sob controle.

Não é possível compreender algo que não se pode medir.
Se não é possível compreendê-lo, não é possível melhorá-lo.

Os processos sempre têm características mensuráveis. Se medirmos essas características, estaremos em condição de entender melhor o que se passa com esses processos e, portanto, poderemos controlá-los e melhorá-los.

Característica da qualidade é a característica inerente a um produto, processo ou sistema relacionada a um sistema. (ISO 9000)

Devemos realizar medições em características da qualidade vitais para os processos, pois ajudam a mantê-los sob controle, bem como ajudam na previsão futura do comportamento deles.

Monitoramento e Medição do Produto

A Subcláusula 8.2.4 da norma ISO 9001 define que toda organização deve monitorar e medir as características do produto para verificar se os requisitos para o produto estão sendo atendidos. Esse monitoramento deve ser realizado em estágios apropriados do processo de realização do produto, de acordo com os arranjos planejados.

Monitorar as características dos produtos é tão importante quanto monitorar as dos processos. Os registros de liberação dos produtos, após a verificação da evidência de conformidade do produto com os critérios de aceitação, devem ser mantidos.

A liberação do produto não deve acontecer até que todos os arranjos planejados tenham sido satisfatoriamente concluídos, a menos que seja aprovado de outra forma: por uma autoridade competente e, quando aplicável, pelo cliente. Em determinadas situações pode haver uma permissão de desvio ou uma concessão do cliente para um determinado produto.

Permissão de desvio é a permissão para desviar-se dos requisitos originalmente especificados de um produto antes da sua realização. (ISO 9000)

Uma permissão de desvio é, geralmente, dada para uma quantidade limitada de produto ou para um período de tempo limitado e uso específico.

Concessão é a permissão para usar ou liberar um produto que não atende a requisitos especificados . (ISO 9000)

Uma concessão é geralmente limitada à entrega de um produto que tem características de não conformidade dentro de limites definidos, para um período de tempo ou quantidade de produto acordados.

Controle de Produto Não Conforme

Não conformidade é o não atendimento a um requisito. (ISO 9000)

Um dos resultados da medição e do monitoramento dos processos e dos produtos é a identificação das chamadas não conformidades.

Considerando especificamente os produtos, a Cláusula 8.3 estabelece os critérios para que a organização institua um procedimento documentado para os produtos que não estejam conformes com os requisitos, os quais, nessa condição, devem ser identificados e controlados para que sejam evitados o uso ou a entrega não intencional dos mesmos.

Nesse procedimento documentado também deverão estar relacionados os controles e as responsabilidades para lidar com os produtos não conformes.

De acordo com o padrão normativo, a organização deve tratar os produtos não conformes por uma ou mais das seguintes formas:

- execução de ações para eliminar a não conformidade detectada;
- autorização do seu uso, liberação ou aceitação sob concessão por uma autoridade pertinente e, onde aplicável, pelo cliente;
- execução de ação para impedir o uso pretendido ou aplicação originais.

No caso da identificação de não conformidades, deverão ser mantidos registros sobre sua natureza e as ações subsequentes executadas, incluindo possíveis concessões.

Quando correções são efetuadas nos produtos não conformes, estes deverão ser verificados novamente para demonstrar a conformidade com os requisitos. Caso a não conformidade seja detectada após a entrega ou no início do uso do produto, a organização deverá tomar as ações apropriadas em relação aos efeitos ou potenciais efeitos desta não conformidade.

Análise de Dados

Se o gestor não entende o que significa o número,
ele não consegue desdobrar a ação.

A Cláusula 8.4 define que uma organização deve determinar, coletar e analisar dados apropriados para demonstrar a adequação e a eficácia do Sistema de Gestão da Qualidade e para avaliar onde melhorias contínuas da eficácia do Sistema podem ser realizadas.

Isto deve incluir dados gerados como resultado do monitoramento e das medições e de outras fontes pertinentes. Essa análise deve fornecer informações relativas a:

- satisfação dos clientes;
- conformidade com os requisitos dos produtos;
- características e tendências dos processos e produtos, incluindo oportunidades para ações preventivas;
- fornecedores.

Muitas organizações já utilizam este processo como parte da preparação da análise crítica pela alta administração. Independentemente disso, devem definir um mecanismo para a realização desta análise.

A última cláusula do padrão normativo trata especificamente de melhorias que, na verdade, são exatamente o resultado que qualquer gestor espera após um tempo de implementação do Sistema de Gestão da Qualidade em sua empresa.

Uma das diretrizes para o sistema é buscar a melhoria contínua dos processos do sistema da qualidade, portanto nada mais coerente do que existirem requisitos para este aspecto.

A Cláusula **Melhoria** é subdividida em:

- melhoria contínua;
- ação corretiva;
- ação preventiva.

Melhoria Contínua

Melhoria contínua é atividade recorrente para aumentar a capacidade de atender requisitos.
(ISO 9000)

O item **melhoria contínua** é, sem dúvida, o requisito que dá abordagem de gestão para os sistemas da qualidade. Ele estabelece que a organização deve continuamente melhorar a eficácia do Sistema de Gestão da Qualidade pelo uso da política e dos objetivos da qualidade, dos resultados de auditoria, da análise de dados, das ações corretivas e preventivas e da análise crítica pela direção.

Ação Corretiva

Ação para eliminar a causa de uma não conformidade identificada ou outra situação indesejável. (ISO 9000)

Para atender a este requisito a organização deve desenvolver um procedimento documentado que contenha as ações corretivas para eliminar as causas de não conformidade, a fim de prevenir a repetição.

Estas ações devem ser apropriadas ao impacto dos problemas encontrados e o procedimento documentado deverá:

- analisar criticamente as não conformidades (inclusive as reclamações de clientes);
- determinar as causas das não conformidades;
- avaliar a necessidade de ações para assegurar que as não conformidades não se repitam;
- determinar e implementar a ação corretiva necessária;
- manter os registros dos resultados das ações tomadas;
- realizar análise crítica da ação tomada.

Ação Preventiva

Ação para eliminar a causa de uma potencial não conformidade ou outra situação potencialmente indesejável. (ISO 9000)

As ações preventivas são realizadas para prevenir a ocorrência, enquanto as ações corretivas são executadas para prevenir a repetição.

As organizações devem identificar as ações preventivas a fim de eliminar as causas de não conformidades potenciais e prevenir a ocorrência das mesmas. As ações preventivas devem ser apropriadas ao impacto dos problemas potenciais.

Deverá ser mantido um procedimento documentado para o processo de ação preventiva visando:

- determinar as não conformidades potenciais e suas causas;
- avaliar a necessidade de ações para prevenir a ocorrência de não conformidades;
- determinar e implementar a ação necessária;
- registrar os resultados da ação tomada;
- analisar criticamente a ação preventiva tomada.

A Lógica das Ações de um Sistema de Gestão da Qualidade

Apresenta-se aqui uma sequência de ações com as devidas justificativas, bem como os objetivos de cada etapa:

Tabela 8.1: Ações de um Sistema de Gestão da Qualidade

O QUÊ	PARA QUÊ
Identificar os requisitos dos clientes	Desenvolver produtos e processos que atendam aos requisitos dos clientes e garantam sua satisfação.
Definir a política e objetivos da qualidade	Clarificar o comprometimento da alta administração com a satisfação do cliente, alinhar esforços de todos os componentes da força de trabalho e orientar a forma de mensuração de resultados.
Identificar processos e suas inter-relações	Assegurar um melhor entendimento de como funciona a organização, definir responsabilidades e eliminar atividades redundantes.
Sistematizar processos	Deixar bem claros as responsabilidades, a sequência de atividades, o modo de execução e a forma de mensuração da eficácia dos processos.
Identificar e prover os recursos necessários	Assegurar equipamentos, instalações e recursos humanos adequados às necessidades do Sistema de Gestão.
Executar processos conforme especificado	Assegurar que a produção ocorra em condições controladas, gere resultados previsíveis e consistentes.
Melhorar continuamente o sistema	Assegurar redução de não conformidades, redução de variabilidade e aumento contínuo da satisfação dos clientes.

Fonte: Adaptado de Hoffmann, Tavares e Ribeiro Neto (2008)

O Que Veremos no Próximo Capítulo...

Neste capítulo foram apresentados todos os tópicos relacionados ao monitoramento, à medição, à análise dos dados obtidos e à tomada de ações.

Dessa forma, temos uma clara visão de como um Sistema de Gestão da Qualidade proporciona a melhoria contínua dos processos e a satisfação dos clientes.

No próximo capítulo apresentaremos os aspectos relacionados às auditorias. Como se trata de um mecanismo importante para a manutenção do Sistema de Gestão da Qualidade e sabendo que muitos possuem uma visão muito restrita do que representa este processo para a organização, achamos por bem dedicar um capítulo para apresentar ao leitor uma visão sobre como uma auditoria pode agregar valor aos sistemas da qualidade.

CAPÍTULO 9

Desmistificando as Auditorias

Auditoria é igual a passeio de buggy nas dunas do Nordeste,
tem de ter emoção! (o autor)

Um mecanismo importante para a verificação da manutenção da implementação das sistemáticas, para a gestão da qualidade é o processo de realização das chamadas auditorias do sistema da qualidade.

Apesar de ser um processo que deveria ser visto como uma possibilidade de melhoria para o Sistema de Gestão da Qualidade, na maioria das vezes, é tido como um processo extremamente desgastante e com pouco valor agregado.

Nossa intenção neste capítulo é justamente esclarecer melhor alguns pontos deste processo, para que o leitor realmente entenda de que forma poderá tirar proveito desse mecanismo que é obrigatório para a manutenção de um sistema da qualidade certificado pela norma ISO 9001.

Auditoria é um processo sistemático, independente e documentado para
se obter evidência e avaliá-la objetivamente, visando determinar a extensão
na qual os critérios de auditoria são atendidos.
(ISO 9000)

Os Objetivos de uma Auditoria

Para definirmos estes objetivos, precisamos levar em conta que existem várias partes interessadas nesse processo. Uma vez que a auditoria é um exercício de coleta de informações, precisamos considerar os interesses dos clientes, acionistas, alta direção e órgãos regulamentadores, entre outros, para utilizá-la como ferramenta para a obtenção das informações.

Normalmente, as auditorias são realizadas com um ou mais dos objetivos relacionados a seguir:

- para determinar a conformidade ou não conformidade do sistema da qualidade com os requisitos especificados;
- para determinar a eficácia do sistema em atender aos objetivos;
- para identificar o potencial de melhoria do sistema da qualidade;
- para atender aos requisitos regulamentares;
- para fins de certificação do sistema da qualidade.

Quando uma auditoria é realizada, podemos obter os seguintes benefícios:

- proporcionar maior confiança aos clientes;
- identificar possibilidades de ações corretivas e de melhoria;
- analisar problemas operacionais dos processos;
- proporcionar à alta direção uma fotografia dos processos auditados.

Classificação da Auditoria

Podem-se classificar as auditorias levando em conta o motivo, a finalidade e quem vai realizar a auditoria. Dessa forma, a classificação é a apresentada a seguir.

Auditoria de Primeira Parte

Essa auditoria, também chamada de auditoria interna, é realizada interna e periodicamente pela própria organização, para atender à Cláusula 8.2.2 do padrão normativo ISO 9001.

As auditorias internas normalmente são realizadas pelos próprios funcionários da empresa que recebem treinamento específico, para obter a competência necessária para a atuação como auditor.

Quando bem realizadas, ou seja, bem conduzidas dentro dos critérios estabelecidos pela norma, as auditorias internas podem formar a base para uma autodeclaração de conformidade da organização.

Critérios de auditoria são o conjunto de políticas, procedimentos ou requisitos usados como referência. (ISO 9000)

Costuma-se dizer que uma auditoria é uma fotografia do momento. Isto ocorre porque toda auditoria é realizada por amostragem, e não se consegue realizar uma auditoria em 100% dos processos. As auditorias internas têm grande vantagem em relação aos outros tipos de auditoria, porque os auditores normalmente são os próprios colaboradores que conhecem os processos da empresa (pelo menos de maneira genérica), possibilitando que as auditorias sejam mais detalhadas e, consequentemente, tenham um valor agregado pelo processo.

Auditoria de Segunda Parte

Essas são as auditorias realizadas por clientes em seus atuais ou futuros fornecedores. São auditorias que buscam obter o máximo de informações a respeito do Sistema de Gestão da Qualidade do fornecedor, pois estas informações serão utilizadas como evidências de que as necessidades e os requisitos específicos estão sendo atendidos e continuarão a ser.

São conduzidas pelas partes que têm um interesse pela organização, tais como clientes, ou por outras pessoas em seu nome. (ISO 9000)

Esse tipo de auditoria também gera uma grande preocupação nos auditados, porque o seu resultado poderá influenciar diretamente na relação comercial entre as empresas envolvidas.

Auditoria de Terceira Parte

Estas são as conhecidas auditorias de certificação. Normalmente, são realizadas por entidades independentes, que não têm nenhum tipo de interesse nos resultados da auditoria.

Auditorias de terceira parte são conduzidas por organizações externas. Tais organizações fornecem certificados ou registro de conformidade com requisitos, tais como os da NBR ISO 9001... (ISO 9000)

A figura 9.1 ilustra a relação entre as três partes de um negócio:

Figura 9.1: Auditorias e a Relação entre as Partes do Negócio

Entendendo o Processo de Auditoria

O processo de auditoria faz com que o auditor e o auditado se sintam pressionados. Isso ocorre porque, dependendo dos resultados obtidos com a auditoria, ações deverão ser tomadas e até situações indesejáveis poderão ser criadas.

Independentemente do tipo de auditoria, seja de primeira, segunda ou terceira parte, só pelo fato de auditar, cria-se sempre uma situação de desconforto para o auditado. Isso normalmente ocorre porque os auditados:

- imaginam que o auditor está sempre procurando algo errado no sistema;
- ficam sob pressão e com medo de que o auditor encontre algo errado;
- não conhecem claramente os objetivos da auditoria;
- desconhecem a metodologia utilizada pelo auditor;
- pelo desconhecimento, criam barreiras ao processo, tornando-o bastante traumático.

A diferença entre o auditor e o terrorista é que o terrorista tem simpatizantes e o auditor, não. (autor desconhecido)

O auditado deve saber que, ao contrário do que normalmente se imagina, o auditor está sempre procurando a conformidade, ou seja, uma evidência objetiva de atendimento ao requisito auditado.

Evidência objetiva são os dados que apóiam a existência ou a veracidade de alguma coisa. (ISO 9000)

Para o auditor, é muito melhor identificar as conformidades do sistema em relação aos requisitos, do que uma não conformidade. Isto porque, para cada não conformidade identificada, o auditor deverá apresentar as evidências do não atendimento ao requisito, comunicar ao auditado e justificar o registro.

É justamente nesse momento que surgem os constrangimentos. Imagine que em um processo de auditoria interna, a identificação de uma não conformidade poderá causar desdobramentos de grande insatisfação entre os envolvidos, principalmente se não estiverem devidamente preparados para o processo.

O fato de os envolvidos serem funcionários da mesma organização e conhecedores dos processos facilita muito se pensarmos na realização da auditoria como um todo; porém, em termos de relações pessoais e profissionais, se a auditoria não for conduzida de maneira adequada situações indesejadas poderão ser criadas.

Em uma auditoria de segunda parte, o tipo de não conformidade identificada poderá implicar na desqualificação do auditado como fornecedor, o que será uma situação muito desagradável pelo fato de existir interesse comercial como um dos objetivos da auditoria.

Na auditoria de terceira parte, a identificação de não conformidades poderá acarretar a não recomendação à obtenção da certificação por parte da entidade certificadora. É nesta auditoria que se verifica se o Sistema de Gestão da Qualidade apresenta evidências do atendimento aos requisitos do padrão normativo que está sendo utilizado como referência para a auditoria. De todos os tipos de auditoria, esta, sem sombra de dúvida, é a que causa maior impacto para a organização, principalmente porque a fase de auditoria de certificação é sempre a de maior estresse para os envolvidos.

Entendendo Melhor o Processo de Certificação

Quando a empresa define como objetivo certificar o seu Sistema de Gestão da Qualidade pelo padrão normativo ISO 9001, automaticamente terá a necessidade de contratar uma entidade certificadora que será a responsável pela realização das auditorias de certificação.

A certificação do Sistema de Gestão da Qualidade gera a emissão de um certificado que tem a validade de três anos. Durante esse período, a entidade certificadora estará realizando auditorias para a manutenção da certificação.

Ao final dos três anos, a empresa deverá submeter o seu Sistema de Gestão da Qualidade a uma nova auditoria, chamada auditoria de recertificação. No caso de o sistema apresentar pleno atendimento aos requisitos, será emitido um novo certificado com a validade de mais três anos.

As Pré-auditorias

Um mecanismo bastante utilizado pelas organizações, durante o processo de certificação, são as chamadas pré-auditorias. Este mecanismo é totalmente independente do processo de certificação, ou seja, a organização não necessariamente precisa realizar uma pré-auditoria. Porém, na prática, a realização deste evento é de grande valia para que a organização identifique oportunidades de melhoria em seu Sistema de Gestão da Qualidade antes de submetê-lo à auditoria de certificação.

Quando a organização decide realizar uma pré-auditoria, ela solicita à entidade certificadora um orçamento à parte, ou seja, somente para a pré-auditoria, independentemente do orçamento para as auditorias de certificação e de manutenção.

O objetivo de uma pré-auditoria é verificar se o Sistema de Gestão da Qualidade está atendendo aos requisitos do padrão normativo. Nesse processo são realizadas as mesmas etapas de uma auditoria de certificação em que tanto a documentação, quanto os processos e as pessoas são auditados.

Nessa etapa, não são registradas não conformidades; somente observações sobre as oportunidades de melhoria. Estas observações, registradas pelos auditores no relatório final, são de grande valia, pois estarão norteando o responsável pela implementação do sistema sobre o que deverá ser revisto, antes da realização da auditoria de certificação.

Tipos de Auditorias de Certificação

Auditoria Inicial

Esta é uma auditoria realizada para determinar se o Sistema de Gestão da Qualidade poderá ser recomendado para a certificação pelo padrão normativo.

É uma auditoria completa em que todo o escopo de certificação será auditado para a avaliação da conformidade com os critérios de certificação.

Auditoria de Manutenção

É a auditoria realizada periodicamente para determinar se a certificação do sistema da qualidade da organização pode ser mantida.

Normalmente, neste tipo de auditoria, não se cobre todo o escopo de certificação. São auditadas somente as partes selecionadas do sistema da qualidade.

Auditoria de Recertificação

A auditoria de recertificação é realizada ao final do período de certificação para determinar se o certificado do sistema da qualidade da empresa poderá ser mantido.

Preparando-se para as Auditorias

Independentemente do tipo de auditoria a que a organização será submetida, deve haver também uma preocupação constante para que o seu Sistema de Gestão da Qualidade esteja devidamente implementado e mantido, atendendo aos requisitos do cliente, do padrão normativo e aos requisitos regulamentares.

Dessa forma, vamos enumerar os aspectos a serem verificados para que o Sistema de Gestão da Qualidade atenda aos requisitos do padrão normativo e, consequentemente, se obtenha o êxito desejado, durante o processo de auditoria.

Documentação do Sistema de Gestão da Qualidade: a Base para a Auditoria

Deve-se ter um cuidado especial com a documentação do sistema. Lembre-se de que, além da documentação obrigatória para o atendimento aos requisitos do padrão normativo, as organizações normalmente possuem os seus próprios procedimentos e utilizam procedimentos de origem externa.

É fundamental que todos os documentos sejam devidamente controlados. No caso dos documentos obrigatórios, mais uma vez ressaltamos que são os seguintes:

- manual da qualidade;
- controle de documentos;
- controle de registros;
- auditorias internas;
- controle de produto não conforme;
- ações corretivas;
- ações preventivas.

Não se esqueça de que a Política da Qualidade é um documento do sistema e que, apesar de normalmente estar inserida no próprio manual da qualidade, também deve estar documentada. O mesmo se aplica aos resultados do planejamento do Sistema de Gestão da Qualidade, aos resultados do planejamento dos processos e às saídas do processo de projeto e desenvolvimento. Nessas três situações, normalmente são gerados documentos finais que deverão ser mantidos.

Para os procedimentos próprios da organização e os de origem externa, é fundamental que se realize o mesmo tipo de controle dos documentos do Sistema de Gestão da Qualidade.

Depois de organizada toda a documentação, certifique-se de que:

- todos os envolvidos possuem a versão mais atualizada dos documentos;
- as versões desatualizadas foram recolhidas para que seja evitada a sua utilização;
- as listas mestras de controle dos documentos estejam atualizadas, ou seja, as versões atualizadas de cada documento sejam apresentadas;
- todos os procedimentos possuam uma página de registro das alterações, para que se tenha um histórico das atualizações do documento;
- os documentos próprios da organização tenham a mesma sistemática de controle dos documentos do Sistema de Gestão da Qualidade;
- os documentos de origem externa também sejam controlados de maneira que se utilizem sempre as versões mais atualizadas.

Atenção para os Registros

Lembre-se de que os registros são as evidências de que os procedimentos estão sendo realizados e, portanto, representam uma parte importante da documentação do Sistema de Gestão da Qualidade.

Dessa forma, a organização que possui um Sistema de Gestão da Qualidade baseado no padrão normativo ISO 9001 deverá se preocupar em manter adequadamente os seguintes registros:

- resultados da análise crítica pela alta direção (normalmente, para esta análise elabora-se uma ata que deverá ser mantida);
- escolaridade, experiência, treinamento e qualificações dos funcionários. Para o atendimento deste requisito, são man-

tidos os registros de treinamento, tais como os cronogramas da programação de treinamento, listas de participação, certificados, resultados da avaliação de desempenho dos participantes durante o curso, registros de treinamento no posto de trabalho, entre outros;

- resultados das análises críticas e das ações de acompanhamento, durante o processo de realização do produto. Nessa fase, existe a necessidade de uma validação dos requisitos do produto pelo cliente. Caso ele não forneça uma declaração documentada, a organização deverá efetuar uma confirmação.

Com relação ao projeto e ao desenvolvimento para a realização dos produtos deverão ser mantidos os registros de:

- informações de entrada, relativas aos requisitos para o projeto e o desenvolvimento dos produtos;
- resultados das análises críticas e das ações necessárias realizadas, em fases apropriadas;
- resultados da verificação, da validação e das ações necessárias para os projetos;
- resultados das análises críticas de alterações e ações necessárias para os projetos.

Para o processo de aquisição, deverão ser mantidos os resultados das avaliações e as ações necessárias, oriundas do processo de seleção de fornecedores.

Para o processo de produção e fornecimento dos serviços, a organização deve manter os registros de:

- identificação e rastreabilidade, ou seja, identificação única do produto que garanta a rastreabilidade;
- registro de qualquer inadequação ao uso da propriedade do cliente, que deve ser controlada pela organização;
- resultados de calibrações dos dispositivos de medição.

Para o processo de auditorias internas devem ser mantidos os registros de:

- cronogramas de realização das auditorias internas;
- planejamento das auditorias internas;
- relatórios finais das auditorias internas.

Para o processo de medição e monitoramento do produto, a organização deve manter os registros que evidenciem a conformidade do produto com os critérios de aceitação e a indicação do responsável pela liberação do produto:

- registro do controle das não conformidades, destacando sua natureza, bem como as ações desdobradas e os responsáveis para solucionar estas não conformidades devem ser mantidos;
- registros das ações corretivas para eliminar as causas das não conformidades identificadas devem ser mantidos;
- registros das ações preventivas para eliminar as causas das não conformidades potenciais devem ser mantidos;

Conscientizando as Pessoas

Um processo de auditoria tem como objetivo verificar se realmente o sistema está devidamente implementado, ou seja, quais são as evidências desta implementação.

Para tanto, além de todas as evidências documentadas, precisamos obter evidências de que as pessoas conhecem essas sistemáticas e saibam o que devem fazer para atendê-las.

Estamos diante do maior desafio para qualquer organização, conscientizar todos os seus colaboradores e, mais do que isto, prepará-los para o processo de auditoria.

A conscientização sobre as sistemáticas para gestão da qualidade deverá ser o resultado de uma série de ações de treinamento e orientação dos colaboradores. Quanto à auditoria, a organização deve fazer um trabalho específico para que todos entendam os objetivos desse processo.

Podemos enumerar os principais aspectos para esse processo de conscientização:

1. A auditoria é um processo de coleta de informações em que o auditor estará interagindo com o pessoal auditado, através de entrevista;
2. O pessoal auditado não deve ter nada a temer; deve ser orientado para que entenda que a entrevista faz parte do processo.

Este é aleatório e por amostragem, ou seja, nem todos serão auditados, porém alguns serão entrevistados;

3. A auditoria não deve ser percebida como uma ameaça ou uma possibilidade de "fracasso", e sim como uma forma de verificação que poderá agregar valor aos processos e sistemáticas já existentes;

4. A constatação de uma não conformidade não deve ser vista como um "fracasso", e sim uma oportunidade de melhoria para o sistema. Não existe um sistema perfeito, mas pode se obter melhorias em seus processos;

5. A comunicação entre auditor e auditado é fundamental para a realização de uma auditoria, porque a orientação e esclarecimento mútuos podem auxiliar na eliminação de possíveis obstruções ou barreiras à comunicação eficaz.

Conhecendo um Pouco sobre a Formação do Auditor

O auditor é um profissional que possui uma competência que envolve o conhecimento técnico e outras qualidades pessoais que lhe permitem realizar as auditorias de maneira eficaz. Essencialmente, nas auditorias busca-se encontrar evidências objetivas de que a empresa está em conformidade com os requisitos especificados nos critérios de auditoria.

Apesar de tanto os auditores internos quanto os externos realizarem as auditorias praticamente da mesma forma, existem algumas diferenças quando analisamos a situação enfrentada por eles.

O auditor externo normalmente é mais temido pelas pessoas que serão auditadas, pois lhe são conferidos poder e autoridade para cumprir os objetivos da realização da auditoria (normalmente certificação, manutenção, recertificação, aprovação ou manutenção de fornecedor).

Outro aspecto influenciador é que temos "um estranho em nosso ninho", ou seja, uma pessoa de fora da organização que normalmente não conhece nosso sistema e, por isso, pode ter mais dificuldades para a identificação da natureza de um problema dentro da organização.

Em contrapartida, os auditores internos normalmente já conhecem as pessoas que serão auditadas, o que poderá facilitar o processo de comunicação. Esses auditores não têm muito poder em relação ao objetivo e desdobramento da auditoria, porém, por serem colaboradores da empresa, possuem maior capacidade para identificar a natureza dos problemas dentro da organização.

A norma NBR ISO 19011:2002 conceitua que a competência implica a demonstração de determinados atributos pessoais e a capacidade de aplicar conhecimentos e habilidades, conforme a figura 9.2:

Figura 9.2: Conceito de Competência

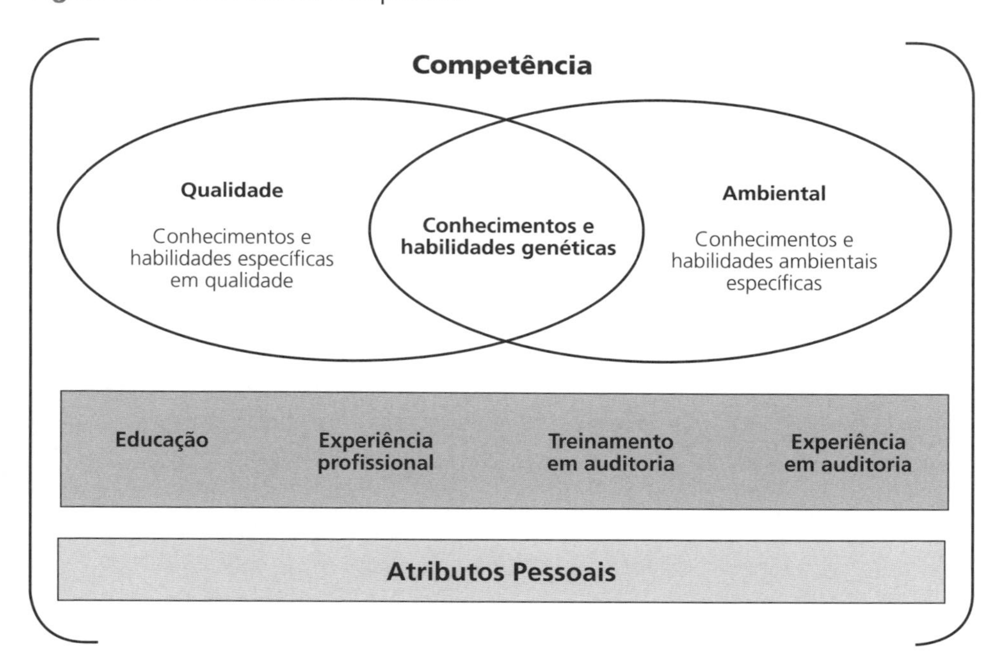

Fonte: NBR ISO 19011:2002

O Que Veremos no Próximo Capítulo...

No próximo capítulo apresentaremos os Sistemas de Gestão Ambiental e de Saúde e Segurança no Trabalho. A ideia é demonstrar como estes sistemas podem ser integrados ao Sistema de Gestão da Qualidade das organizações que desejam integrar esses modelos de gestão.

CAPÍTULO 10

Gestão Ambiental: Fator Importante para a Excelência Empresarial

Agora que já temos um Sistema de Gestão da Qualidade certificado, o que devemos fazer para melhorar ainda mais a gestão da nossa empresa? (o autor)

Vencida a etapa da certificação, o gestor, já mais acostumado com toda a cultura da qualidade, deve estar fazendo a pergunta acima, afinal de contas este é um caminho sem volta, e a busca pela excelência empresarial é uma corrida sem linha de chegada.

O que fazer para estender os conceitos da qualidade para outros focos específicos?

Além do padrão normativo ISO 9001, que estabelece os requisitos para a elaboração de um Sistema de Gestão da Qualidade, há outros padrões normativos com focos específicos.

Atualmente, as organizações buscam obter vantagens competitivas, integrando suas iniciativas voltadas à qualidade com outras iniciativas voltadas ao meio ambiente e à saúde ocupacional e à segurança do trabalho.

Neste capítulo falaremos um pouco sobre as estratégias voltadas à gestão ambiental a serem implementadas pelas organizações que buscam a excelência empresarial. Apresentaremos, de maneira genérica, o modelo de gestão que, implementado adequadamente, poderá contribuir bastante para a melhoria do desempenho das organizações sob a ótica ambiental.

Começaremos apresentando o padrão normativo com foco na gestão ambiental e demonstrando como este modelo pode estar alinhado com o modelo focado na gestão da qualidade, e quais são os requisitos a serem atendidos para que o Sistema de Gestão Ambiental da organização seja certificado.

As Questões Ambientais

As constantes evoluções e o desenfreado desenvolvimento tecnológico fizeram com que o homem perdesse o controle sobre o seu próprio poder de alterar o equilíbrio dos ecossistemas.

Com a Revolução Industrial tivemos o agravamento dos problemas ambientais, principalmente porque a poluição gerada pelos equipamentos acompanhava o mesmo ritmo e a mesma proporção da escala de produção, o que aos poucos prejudicava o meio ambiente. No entanto, neste período, o interesse era o de se obter o desenvolvimento econômico, e a poluição acabou sendo considerada como um mal necessário para os benefícios do progresso.

Na verdade, o foco principal era o desenvolvimento industrial, partindo do princípio de que os recursos naturais fossem inesgotáveis, sem nenhuma preocupação com os possíveis desdobramentos da extração destes ao longo do tempo e da disposição final dos resíduos gerados pelos processos.

Para que o leitor entenda melhor o que estamos apresentando, faremos uma analogia com o conceito do ciclo biológico que todos já estudamos em Ecologia:

Figura 10.1: Ciclo Biológico

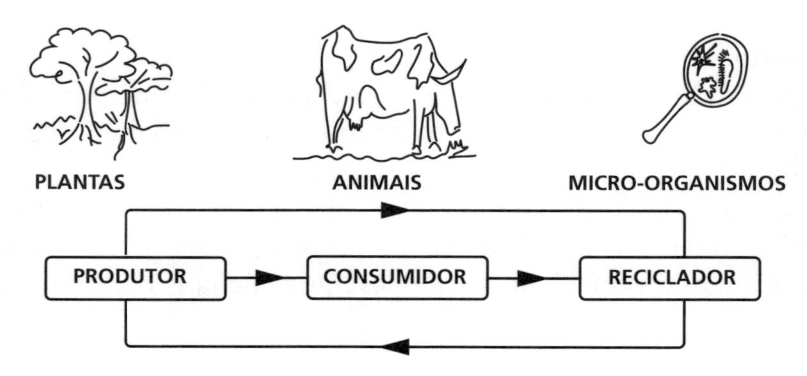

Notem que existe um equilíbrio. Temos os produtores, na sequência os consumidores e, fechando o ciclo, os recicladores (também chamados decompositores), responsáveis pela decomposição final dos resíduos gerados.

Quando consideramos o ciclo industrial, temos uma situação um pouco diferente, como mostra a figura a seguir:

Figura 10.2: Ciclo Industrial

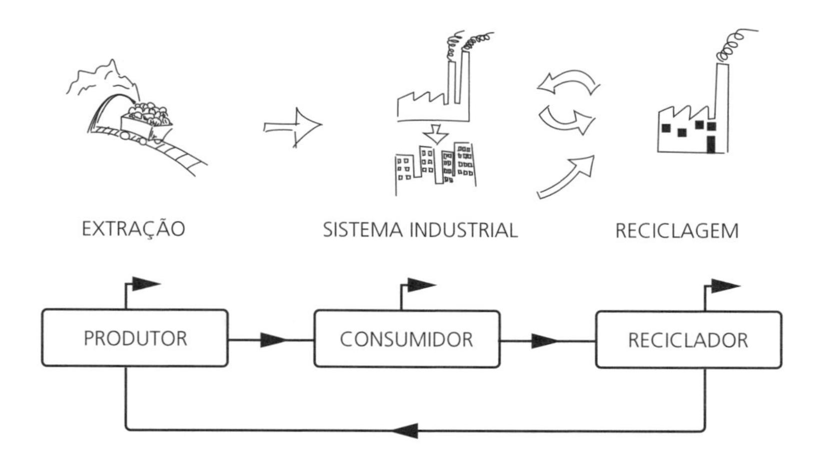

No ciclo industrial, em cada etapa temos a geração de resíduos que não são submetidos naturalmente a um processo de decomposição. É exatamente neste contexto que precisamos direcionar nossas ações, afinal de contas, os impactos ambientais surgem exatamente nesta falta de comprometimento e preocupação com a decomposição.

Este tipo de pensamento voltado ao desenvolvimento industrial sem preocupação ambiental predominou até a década de 70. Somente nas décadas de 70 e 80, vários aspectos ambientais acabaram por influenciar esta mudança de percepção.

Não só os grandes acidentes ambientais ocorridos em todo o mundo, como também a crise do petróleo, a aceleração dos programas nucleares na Europa, o surgimento de ONGs (Organizações Não Governamentais), como o *Greenpeace*, contribuíram para a mudança de enfoque no tratamento dos assuntos relacionados ao meio ambiente.

Nesse período houve um grande desenvolvimento da legislação ambiental e uma mudança de enfoque por parte das empresas, que passaram a investir em sistemas de controle da poluição, atendendo às exigências dos órgãos ambientais.

A partir dos anos 90, realmente podemos dizer que a questão ambiental passou a integrar a estratégia dos negócios, sendo visualizada como uma vantagem competitiva e um fator de melhoria organizacional.

Foram emitidas, naquele período, as normas da série 14000, que tiveram adesão pelas empresas internacionais e nacionais.

A Série de Normas ISO 14000

Como consequência da Rio-92, a Confederação das Nações Unidas de Meio Ambiente e Desenvolvimento realizada no Rio de Janeiro em 1992, foi proposta a criação de um grupo especial na ISO para elaborar normas relacionadas com o tema meio ambiente.

Dessa forma, surgiu o comitê técnico ISO/TC207 – Gestão Ambiental, que foi o responsável pela elaboração das normas da série ISO 14000. Esta série de normas buscou um alinhamento com a série da qualidade, deixando clara a necessidade de integração entre os conceitos de qualidade e meio ambiente.

Meio Ambiente é a circunvizinhança em que uma organização opera, incluindo-se ar, água, solo, recursos naturais, flora, fauna, seres humanos e suas inter-relações. (Item 3.5 – ISO 14001)

A série ISO 14000 é dividida em dois grupos de normas, em função de seu objetivo.

1º Grupo

- Normas voltadas para a avaliação do produto;
- Rotulagem Ambiental;
- Ciclo de Vida do Produto;
- Aspectos Ambientais em Normas de Produtos.

2º Grupo

- Normas voltadas para a avaliação da organização;
- Sistema de Gestão Ambiental;
- Desempenho Ambiental;
- Auditoria Ambiental.

Pensando na integração dos sistemas, apresentaremos os requisitos da norma **ISO 14001 – Sistemas de Gestão Ambiental – Especificações e diretrizes para uso**.

Assim como no caso das normas para os sistemas de Sistemas de Gestão da Qualidade, as normas para a elaboração de um Sistema de Gestão Ambiental também são passíveis de aplicação em todos os tipos e portes de organização.

Esta semelhança com os Sistemas de Gestão da Qualidade também é identificada quando observamos a base de implementação deste sistema conforme a figura 10.3 a seguir:

Figura 10.3: O Modelo do SGA (Sistema de Gestão Ambiental)

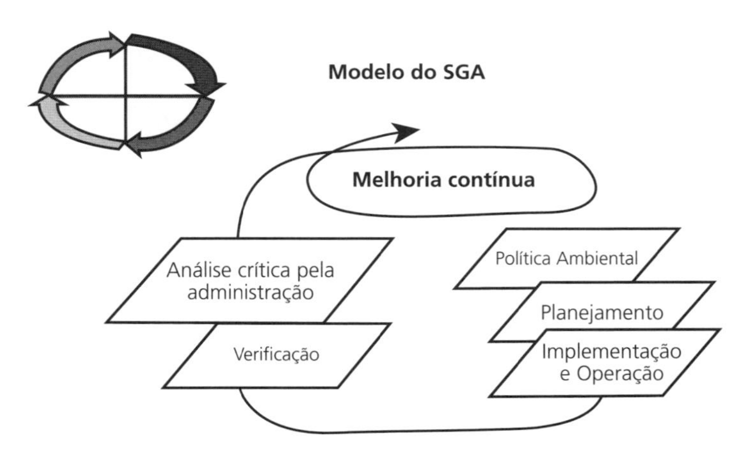

Fonte: NBR-ISO 14001:2004

Note que a base para a elaboração de um Sistema de Gestão Ambiental é a mesma utilizada para a elaboração do Sistema de Gestão da Qualidade. Essa equivalência entre os modelos facilita bastante o trabalho das organizações que tenham como objetivo melhorar a qualidade ambiental de seus processos.

A postura gerencial das empresas com relação ao meio ambiente deve ser, inicialmente, a de cumprir as exigências legais, em seguida, promover a integração da função gerencial de controle ambiental ao processo produtivo e, como último estágio e resultado das iniciativas anteriores, obter um Sistema de Gestão Ambiental implantado.

Por que Implantar um Sistema de Gestão Ambiental?

Sistema de Gestão Ambiental é a parte do sistema da gestão de uma organização utilizada para desenvolver e implementar sua política ambiental e para gerenciar seus aspectos ambientais. Este Sistema de Gestão é um conjunto de elementos inter-relacionados utilizados para estabelecer a política e os objetivos e para atingir esses objetivos. Um Sistema de Gestão inclui estrutura organizacional, atividades de planejamento, responsabilidades, práticas, procedimentos, processos e recursos.
(Item 3.8 – ISO 14001)

Uma empresa decide implantar um Sistema de Gestão Ambiental para:

- abrir novas possibilidades em termos de exportação;
- atender às solicitações de seus clientes;
- atender às diretrizes da matriz (no caso de empresas multinacionais);
- criar um modelo de gestão visando atender à legislação vigente;
- aumentar sua competitividade, apresentando o Sistema de Gestão Ambiental como uma vantagem competitiva;
- obter uma percepção maior dos riscos em seus processos e mobilizar-se para gerenciá-los ou eliminá-los por meio do sistema implantado.

De acordo com o padrão normativo, o processo de certificação somente é aplicável aos requisitos do Sistema de Gestão Ambiental. Dessa forma, serão passíveis de auditoria todos os itens do Capítulo 4 da norma ISO 14001.

Em resumo, um Sistema de Gestão Ambiental é uma ferramenta que possibilita às organizações controlar os impactos ambientais oriundos de suas atividades, produtos e serviços de maneira sistêmica, demonstrando seu comprometimento com a proteção ambiental.

Vantagens Competitivas Obtidas com a Implantação de um Sistema de Gestão Ambiental

As organizações adotam o Sistema de Gestão Ambiental pelas seguintes razões:

- racionalizar a utilização de matérias-primas e de energia;
- demonstrar o comprometimento com as questões ambientais;
- aprimorar o controle de custos, com o objetivo de reduzi-los;
- reduzir os riscos ambientais existentes nas atividades da organização;
- promover a conscientização ambiental dos funcionários;
- atender aos critérios e aos requisitos de certificação e dos clientes;
- divulgar as iniciativas ao público/comunidade para o fortalecimento da imagem da empresa;
- utilizar a implantação do sistema como uma vantagem competitiva.

Note que implementar um Sistema de Gestão Ambiental em uma organização poderá trazer vários benefícios, além de reduzir o desperdício e a geração de poluentes. Dessa forma, a implantação do sistema passa a ser uma decisão estratégica para a direção.

Os Passos para a Implantação do Sistema de Gestão Ambiental

A implantação de um Sistema de Gestão Ambiental deve ser iniciada com o comprometimento de todos os envolvidos. Da alta direção aos empregados, todos devem ter acesso às informações ambientais e colaborar com a divulgação destas informações participando das campanhas de meio ambiente criadas pela organização.

Os próximos passos para a organização serão: realizar uma avaliação inicial em que deverão ser consideradas as exigências legais; analisar as práticas e procedimentos de gerenciamento ambientais já existentes; avaliar as relações com a comunidade; investigar os incidentes anteriores e analisar a possibilidade de integração com outros sistemas.

Atendendo aos Requisitos do Sistema de Gestão Ambiental

Política Ambiental são as intenções e princípios gerais de uma organização em relação ao seu desempenho ambiental, conforme formalmente expresso pela alta administração. Esta política provê uma estrutura para ação e definição de seus objetivos ambientais e metas ambientais. (Item 3.11 – ISO 14001)

A Política Ambiental

O item 4.2 da norma ISO 14001 estabelece que a alta administração deve definir a política ambiental da organização e assegurar que ela:

- seja apropriada à natureza, escala e impactos ambientais de suas atividades, produtos e serviços;
- inclua o comprometimento com a melhoria contínua e a prevenção da poluição;
- inclua o comprometimento em atender aos requisitos legais aplicáveis e outros requisitos subscritos pela organização que se relacionem a seus aspectos ambientais;
- forneça a estrutura para o estabelecimento e a análise dos objetivos e metas ambientais;
- seja documentada, implementada e mantida;
- seja comunicada a todos que trabalhem na organização ou que atuem em seu nome;
- esteja disponível para o público.

A definição da Política Ambiental, além de atender ao requisito do padrão normativo, demonstra a visão da alta administração em relação ao meio ambiente e possibilita a comunicação desta visão a todas as partes interessadas.

Lembrem-se de que preservar o meio ambiente é uma obrigação de todos e as iniciativas da empresa contribuirão não só com os seus objetivos, como também para com a comunidade e, enxergando a longo prazo, a humanidade.

O Planejamento – Identificando os Aspectos Ambientais

O primeiro passo da fase de planejamento das atividades é a identificação dos aspectos ambientais. De acordo com o padrão normativo, a organização deve manter um procedimento para identificar os aspectos ambientais de suas atividades, produtos ou serviços (dentro do escopo definido de seu Sistema de Gestão Ambiental), que possam por ela ser controlados, e sobre os quais se presume que ela tenha influência, levando-se em consideração os desenvolvimentos novos ou planejados a fim de determinar aqueles que tenham ou possam ter impacto significativo sobre o meio ambiente. A organização deve manter estas informações documentadas e atualizadas.

Definições Importantes

Aspecto ambiental é o elemento das atividades, produtos ou serviços de uma organização que pode interagir com o meio ambiente. (Item 3.6 – ISO 14001)

Impacto ambiental é qualquer modificação do meio ambiente, adversa ou benéfica, que resulte, no todo ou em parte, das atividades, produtos ou serviços de uma organização. (Item 3.7 – ISO 14001)

O Processo de Identificação

O processo de identificação de aspectos e impactos ambientais deve seguir a seguinte sequência:

- seleção de uma atividade, produto ou serviço;
- identificação de aspectos ambientais;
- identificação de impactos ambientais;
- avaliação da importância dos impactos.

Na verdade, para cada atividade escolhida, deverá ser realizada uma análise de relação de causa e efeito entre o aspecto ambiental e o impacto ambiental resultante deste aspecto, como mostra a tabela 10.1 a seguir:

Tabela 10.1: Relação de Causa x Efeito entre Aspecto e Impacto Ambiental

Atividade	Aspecto	Impacto
XXX	Causa	Efeito

A metodologia para a identificação de aspectos e impactos ambientais deve levar em conta não só os processos como também as atividades. Principalmente porque um determinado processo pode ser composto por mais de uma atividade com características totalmente diferentes e que podem apresentar aspectos e impactos ambientais também diferentes.

Os aspectos ambientais podem ser diretos ou indiretos:

- **diretos:** são aqueles que a organização tem o controle. Normalmente, são as atividades dos processos da própria organização.
- **indiretos:** são aqueles sobre os quais a organização pode ter influência para alcançar controle limitado. Normalmente, são os aspectos ligados a materiais fornecidos por outras organizações e os aspectos ligados à utilização dos produtos pelo consumidor final.

A figura 10.4 a seguir ilustra bem a metodologia para a identificação de aspectos/impactos ambientais:

Figura 10.4: Metodologia para identificação de aspectos/impactos ambientais

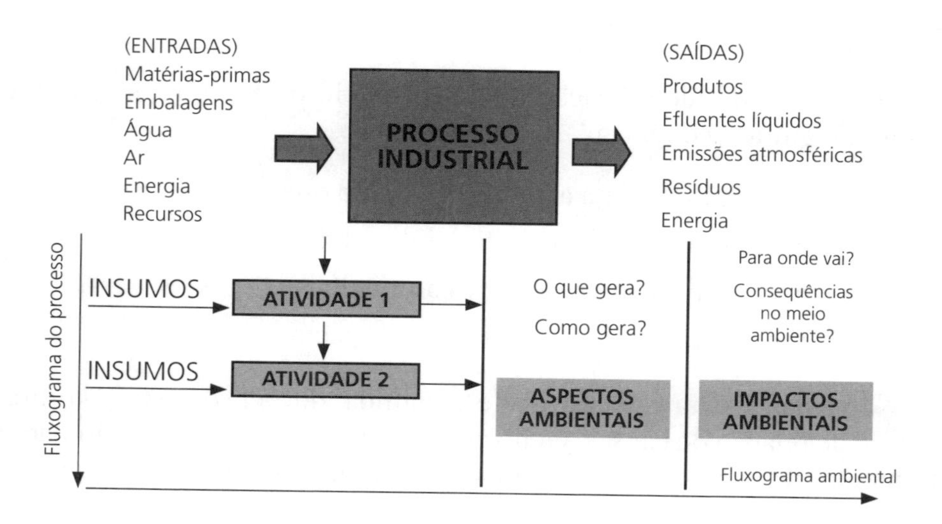

Note que, quando apresentamos o Sistema de Gestão da Qualidade, o foco estava sempre no processo. No caso do Sistema de Gestão Ambiental, devemos ter uma abordagem mais detalhada focando cada atividade.

Esta preocupação é extremamente importante para a adequada análise dos aspectos e impactos ambientais, principalmente porque em um único processo podemos identificar mais de uma atividade, que podem ser totalmente distintas e, neste caso, com aspectos e impactos ambientais também totalmente distintos.

A organização deve assegurar que os requisitos ambientais significativos sejam levados em consideração no estabelecimento, implementação e manutenção de seu Sistema de Gestão Ambiental.

Requisitos Legais e Outros

Os Sistemas de Gestão Ambiental também consideram toda a legislação aplicável às atividades, produtos e serviços de uma organização. Desta forma, a organização, para atender ao requisito do padrão normativo, deverá estabelecer, implementar e manter um procedimento para identificar e ter acesso à legislação e a outros requisitos subscritos pela organização, relacionados aos seus aspectos ambientais.

Os requisitos típicos são os seguintes:

- licenças operacionais;
- limites de emissão de poluentes;
- gerenciamento de resíduos sólidos;
- manuseio de material;
- outorgas;
- outros.

A organização deve assegurar que estes requisitos legais aplicáveis e outros subscritos pela organização sejam levados em consideração no estabelecimento, implementação e manutenção de seu Sistema de Gestão Ambiental.

Definindo Objetivos, Metas e Programas Ambientais

Objetivo Ambiental é o propósito ambiental geral, decorrente da política ambiental, que uma organização se propõe a atingir. (Item 3.9 – ISO 14001)

Meta ambiental é um requisito de desempenho detalhado aplicável à organização ou à parte dela, resultante dos objetivos ambientais e que necessita ser estabelecido e atendido para que tais objetivos sejam atingidos. (Item 3.12 – ISO 14001)

Para a definição dos objetivos e metas ambientais, a organização deve levar em conta:

- os aspectos ambientais significativos;
- a visão das partes interessadas;
- os requisitos legais aplicáveis;
- as opções tecnológicas, operacionais, financeiras e comerciais;
- o comprometimento com a prevenção da poluição;
- o comprometimento com a melhoria contínua.

Além disso, estes objetivos e metas deverão ser mensuráveis, compatíveis com a política ambiental e periodicamente analisados de maneira crítica.

Quando se fala em aspectos ambientais significativos, isto quer dizer que a organização deverá realizar inicialmente uma análise de todos os aspectos para identificar os mais importantes.

Para o atendimento aos objetivos e metas, as organizações devem estabelecer e manter um programa de gestão ambiental.

Programa de Gestão Ambiental

De acordo com o padrão normativo, este é o último passo para o planejamento do Sistema de Gestão Ambiental. Para a elaboração deste programa, a organização deverá levar em conta os objetivos e metas já definidos a fim de atribuir as responsabilidades para atingir os objetivos e metas em cada função e nível pertinentes da organização, além dos meios e o prazo para que sejam atingidos.

Dessa forma, deverão ser definidos os procedimentos operacionais de controle para que seja realizado um monitoramento do desempenho, que possibilitará uma análise da eficácia das iniciativas ao final de um determinado período.

A elaboração de um programa de gestão ambiental tem como objetivo principal melhorar o desempenho ambiental da organização. É indispensável o acompanhamento para revisões que se façam necessárias sempre que houver projetos novos ou modificados.

A Implementação e Operação do Sistema de Gestão Ambiental

O padrão normativo ISO 14001 estabelece que a organização deve atender aos requisitos a seguir.

Recursos, Funções, Responsabilidades e Autoridades

A organização deve assegurar a disponibilidade de recursos essenciais para estabelecer, implementar, manter e melhorar o Sistema de Gestão Ambiental. Os recursos incluem recursos humanos e habilidades especializadas, infraestrutura organizacional, tecnológica e recursos financeiros.

A definição das funções, responsabilidades e das autoridades devem ser definidas, comunicadas e documentadas para garantir a eficácia da gestão ambiental.

Um representante deve ser nomeado para que, independentemente de outras atribuições que possa ter:

- assegure que um Sistema de Gestão Ambiental seja estabelecido, implementado e mantido em conformidade com os requisitos da norma ISO 14001;
- relate à alta administração o desempenho do Sistema de Gestão Ambiental para análise crítica, incluindo recomendações para melhoria do sistema.

Este representante pode ser o mesmo que exerce este papel no Sistema de Gestão da Qualidade, desde que tenha o conhecimento necessário para a coordenação do programa.

Competência, Treinamento e Conscientização

Estas também são exigências que possuem equivalência no padrão normativo ISO 9001. A organização deve assegurar que qualquer pessoa, ela mesma ou em seu nome, a realizar tarefas com potencial de causar impactos ambientais significativos identificados pela organização seja competente, com base em formação apropriada, treinamento ou experiência, devendo reter os registros associados.

Porém, além dos treinamentos focados na conscientização sobre a importância do atendimento ao planejado pelo Sistema de Gestão Ambiental, ou seja, o atendimento à política ambiental, aos procedimentos e requisitos do sistema, devem-se realizar treinamentos específicos associados aos seus aspectos ambientais significativos e aos seus respectivos impactos reais ou potenciais relacionados ao seu trabalho e aos benefícios ambientais provenientes da melhoria do desempenho pessoal.

Assegurar que as pessoas que executam as atividades com possibilidade de causar impacto ambiental significativo sejam competentes, com base em educação, treinamento e experiência profissional passa a ser primordial para as organizações que desejem implementar um Sistema de Gestão Ambiental. Portanto, cada colaborador deve saber quais são as potenciais consequências da inobservância de procedimentos especificados pelo Sistema de Gestão Ambiental.

Comunicação

A comunicação deve ser feita com relação aos seus aspectos ambientais e ao Sistema de Gestão Ambiental. O procedimento para a comunicação deve ser estabelecido, implementado e mantido pela organização.

Os canais de comunicação interna para a divulgação do Sistema de Gestão Ambiental, bem como os canais de comunicação externa com as partes interessadas, deverão estar claramente definidos em um procedimento.

A organização deve decidir se realizará a comunicação externa sobre seus aspectos ambientais significativos, devendo documentar esta decisão. Se a decisão for comunicar, a organização deverá estabelecer e implementar métodos para isso.

Documentação do Sistema de Gestão Ambiental

Esta documentação pode ser integrada à documentação de outros sistemas implementados pela organização, como a documentação do Sistema de Gestão da Qualidade.

O nível de detalhamento deve ser suficiente para descrever os principais elementos do Sistema de Gestão Ambiental e sua interação.

Tanto os procedimentos quanto os registros devem ser devidamente controlados. A documentação não necessariamente precisa estar na forma de um manual, outros documentos e registros definidos pela organização, desde que necessários para assegurar o planejamento, operação e controle eficazes dos processos que estejam associados com seus aspectos ambientais significativos, também são considerados documentos.

- informações sobre processos;
- organogramas;
- normas internas e procedimentos operacionais;
- planos locais de emergência.

A documentação deve descrever o escopo do Sistema de Gestão Ambiental e incluir também política, objetivos e metas ambientais. Os principais elementos do sistema, sua interação e referência aos documentos associados também devem estar descritos.

Controle de Documentos

Assim como no requisito da norma ISO 9001, os documentos requeridos pelo Sistema de Gestão Ambiental devem ser controlados. Desta forma, de acordo com a versão de 2004 da ISO 14001, a organização deve estabelecer, implementar e manter procedimentos para:

- aprovar os documentos quanto a sua adequação antes de seu uso;
- analisar, atualizar e reaprovar documentos, conforme o necessário;
- assegurar que as alterações e a situação atual da revisão de documentos sejam identificadas;
- assegurar que as versões relevantes de documentos aplicáveis estejam disponíveis em seu ponto de uso;

- assegurar que os documentos permaneçam legíveis e prontamente identificáveis;
- assegurar que os documentos de origem externa determinados pela organização como sendo necessários ao planejamento e operação do Sistema de Gestão Ambiental sejam identificados e que sua distribuição seja controlada;
- prevenir a utilização não intencional de documentos obsoletos e utilizar identificação adequada nestes, se forem retidos para quaisquer fins.

Controle Operacional

As operações que estejam associadas aos aspectos ambientais significativos de acordo com a política, objetivos e metas ambientais estabelecidas pela organização, devem estar identificadas e planejadas de tal forma que fique assegurado que:

- existam procedimentos documentados para o controle de situações nas quais a sua ausência possa acarretar desvios em relação a sua política e aos objetivos e metas ambientais;
- sejam definidos os critérios operacionais nestes procedimentos;
- existam procedimentos associados aos aspectos ambientais significativos de produtos e serviços utilizados pela organização e à comunicação de procedimentos e requisitos pertinentes aos fornecedores, incluindo os prestadores de serviço.

Estes procedimentos devem estar estabelecidos, implementados e mantidos de forma atualizada.

Preparação e Resposta às Emergências

Este é um requisito muito importante para o Sistema de Gestão Ambiental, e um procedimento deve ser estabelecido e mantido pela organização visando identificar o potencial do impacto ambiental e atender a acidentes e situações de emergência. Este procedimento deve ser testado periodicamente quando exequível.

Neste requisito, é importante que a organização tenha claramente descritas as potenciais situações de emergência e quais os tipos de acidentes que possam causar impacto sobre o meio ambiente.

Verificação

Neste item da norma ISO 14001, procedimentos documentados devem ser mantidos de maneira que sejam contemplados os pontos a seguir.

Monitoramento e medição:

- das características principais das operações e atividades que possam ter impactos significativos sobre o meio ambiente;
- da calibração dos equipamentos de monitoramento e medição que são utilizados.

Avaliação do Atendimento a Requisitos Legais e Outros

A organização deve avaliar o atendimento aos requisitos legais aplicáveis periodicamente, bem como outros requisitos por ela subscritos. Deve manter registros dos resultados destas avaliações.

Não Conformidade e Ações Corretivas e Preventivas

A organização deve estabelecer, implementar e manter procedimentos para tratar as não conformidades reais e potenciais e para executar ações corretivas e preventivas.

Os procedimentos devem definir requisitos para:

- identificar e corrigir as não conformidades e executar ações para mitigar seus impactos ambientais;
- investigar não conformidades, determinar suas causas e executar ações para evitar sua repetição;
- avaliar a necessidade de ações para prevenir não conformidades e implementar ações apropriadas para evitar sua ocorrência;
- registrar os resultados das ações corretivas e preventivas executadas;
- analisar a eficácia dessas ações executadas.

As ações executadas devem ser adequadas à magnitude dos problemas e aos impactos ambientais encontrados.

Controle de Registros

Diferente do padrão ISO 9001, a ISO 14001 apresenta este requisito em um item que não trata especificamente da documentação do sistema. Para a implementação do procedimento, valem os requisitos já comentados neste livro no Capítulo 4, sobre o controle de registros para o Sistema de Gestão da Qualidade.

Auditoria Interna

Neste item também vale a orientação já realizada para as auditorias internas do Sistema de Gestão da Qualidade abordada no Capítulo 8 deste livro.

Análise Crítica pela Administração

Assim como no Sistema de Gestão da Qualidade, o Sistema de Gestão Ambiental também requer que periodicamente sejam realizadas, pela alta administração, análises críticas do sistema para assegurar sua pertinência, adequação e eficácia contínua.

Os dados de entrada para a análise crítica pela alta direção devem incluir, entre outras informações:

- resultados das auditorias do SGA;
- comunicação proveniente de partes interessadas externas;
- desempenho do SGA;
- extensão na qual foram atendidos os objetivos e metas;
- situação das ações corretivas e preventivas;
- ações de acompanhamento das análises críticas anteriores, mudança das circunstâncias e recomendações para melhoria.

Para este requisito também poderão ser consideradas as observações do Capítulo 5 sobre este item.

Outros Instrumentos de Apoio à Gestão Ambiental

Apresentam-se aqui outros instrumentos utilizados pelas organizações como apoio aos seus Sistemas de Gestão Ambiental.

Ecoeficiência

A ecoeficiência tem assumido um papel cada vez mais importante nas estratégias de gestão ambiental das organizações. É atingida pela disponibilização de bens e serviços a preços competitivos, satisfazendo as necessidades humanas e melhorando a qualidade de vida, reduzindo, progressivamente, o impacto e a intensidade de utilização dos recursos ao longo do ciclo de vida, para um nível compatível, pelo menos, com a capacidade de carga do ambiente.

O contínuo avanço tecnológico vem propiciando mudanças em processos e produtos que conciliam o aumento da eficiência econômica e ambiental das empresas.

O desenvolvimento sustentável é considerado como um processo evolutivo, que se traduz no crescimento da economia, na melhoria da qualidade do ambiente e da sociedade, para benefício das gerações presentes e futuras.

O conceito de ecoeficiência pode ser aplicado a qualquer organização que pretenda:

- melhorar a eficiência econômica e ecológica;
- acrescentar valor, reduzindo os impactos ambientais;
- sustentar o crescimento e o bem-estar reduzindo o consumo de recursos.

Em outros termos, ecoeficiência significa gerar mais produtos e serviços com menor uso dos recursos e diminuição da geração de resíduos e poluentes.

Análise do Ciclo de Vida

A Análise do Ciclo de Vida (ACV) é uma metodologia objetiva para a avaliação dos impactos ambientais associados ao uso de um produto, a um processo produtivo, a atividades ou a um sistema, dentro de limites bem definidos. Permite comparar os impactos ambientais de produtos idênticos fabricados com materiais e processos alternativos.

A ACV avalia o desempenho ambiental ao longo de todo o seu ciclo de vida. Essa avaliação é feita por meio da identificação de todas as atividades humanas ocorridas no ciclo de vida do produto e pela avaliação dos impactos ambientais potencialmente associados a esta atividade.

A análise inclui o ciclo de vida completo do produto, processo ou atividade:

- extração e processamento de matérias-primas;
- fabricação, transporte e distribuição;
- uso/manutenção;
- reutilização;
- disposição final.

A norma ISO 14040:1997 descreve as especificações técnicas para os estudos sobre ACV.

Produção Mais Limpa

A Produção Mais Limpa (P+L) é um conceito desenvolvido pelo Pnuma, que descreve um enfoque preventivo da gestão ambiental, o qual reflete uma mentalidade de produzir com mínimo impacto, dentro dos atuais limites tecnológicos e econômicos, não se contrapondo ao crescimento e considerando que resíduos são produtos com valor econômico negativo.

Na verdade, o principal desafio das organizações está em estabelecer métodos que possam alinhar os resultados desejados tanto sob o aspecto ambiental quanto econômico. A figura 10.5 ilustra esta situação:

Figura 10.5: Abordagem Tradicional x Abordagem Lógica

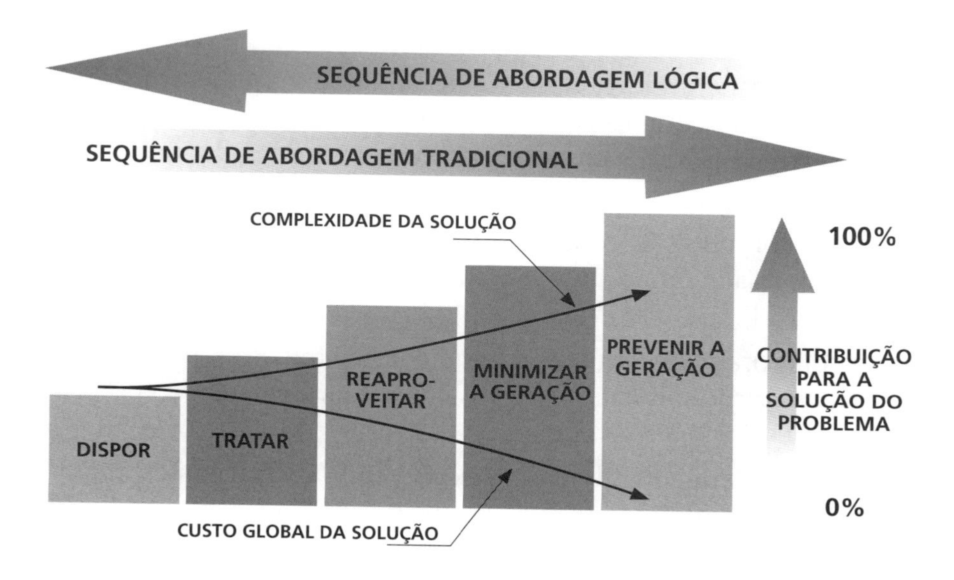

Observa-se que pela abordagem tradicional praticada no passado, a disposição dos resíduos era a etapa inicial. Quando consideramos a abordagem lógica, temos exatamente o oposto, ou seja, prevenir a geração deve ser sempre o foco das organizações.

Em contrapartida, temos outros aspectos relevantes nesta abordagem, pois a complexidade da solução normalmente é muito maior quando se busca a prevenção à geração, porém o custo global da solução diminui. O que os gestores precisam fazer é estudar previamente as soluções e demonstrar que os benefícios a médio e a longo prazo serão relevantes para o Sistema de Gestão da organização.

Benefícios da Implantação do Sistema de Gestão Ambiental

Para a empresa: controle dos seus impactos ambientais, otimização dos recursos e, como consequências diretas, criação de uma imagem "ecológica", acesso a novos mercados e menor risco de sanções do poder público;

Para os clientes: cuidados com a disposição final do produto, incentivos à reciclagem do produto e, consequentemente, aumento da confiabilidade na sustentabilidade do produto e credibilidade na empresa por sua atuação responsável;

Para os colaboradores: melhores condições de trabalho, maior segurança, conscientização sobre os riscos ambientais e consequente comprometimento com o meio ambiente;

Para a comunidade: atendimento aos aspectos legais vigentes, maior segurança e consequente redução da poluição;

Para o meio ambiente: racionalização do uso de matérias-primas e outros insumos, conservação dos recursos naturais, redução e controle dos poluentes e harmonização das atividades com o ecossistema.

A Lógica das Ações de um Sistema de Gestão Ambiental

Apresenta-se aqui uma sequência de ações com as devidas justificativas, bem como os objetivos de cada etapa:

Tabela 10.2: Ações de um Sistema de Gestão Ambiental

O QUÊ	PARA QUÊ
Identificar os aspectos e impactos ambientais	Prevenir a ocorrência de acidentes ambientais, facilitar a identificação da legislação aplicável e servir de referência para a estruturação do Sistema de Gestão.
Identificar a legislação aplicável	Promover a conformidade com a legislação ambiental em todas as esferas (federal, estadual e municipal) aplicáveis ao negócio da organização.
Definir a política, os objetivos e metas	Explicitar o comprometimento da alta administração com as questões ambientais, com a busca da melhoria contínua, com o atendimento legal e para alinhar os esforços de todos os componentes da força de trabalho.
Definir e implementar programas	Assegurar atendimento aos objetivos e metas ambientais.
Identificar processos e controles necessários ao Sistema de Gestão	Assegurar um melhor entendimento das atividades, identificar os impactos ambientais e definir responsabilidades e formas de controle pertinentes.
Sistematizar processos	Deixar bem claras as responsabilidades, o modo de execução, os controles e minimizar os riscos.
Identificar e prover os recursos necessários	Assegurar equipamentos, softwares, instalações e recursos humanos adequados às necessidades do Sistema de Gestão.
Executar processos conforme o especificado	Assegurar que a produção ocorra em condições controladas, gere resultados previsíveis, consistentes e com menores impactos ambientais.
Monitorar, medir e analisar resultados, incluindo atendimento legal	Permitir um gerenciamento com base em informações, sustentadas pelo atendimento legal, e subsidiar as ações de correção e de melhoria.
Melhorar continuamente o sistema	Assegurar redução de não conformidades, de riscos de acidentes e sanções legais, com aumento contínuo da satisfação das partes interessadas.

Fonte: Adaptada de Hoffmann, Tavares e Ribeiro Neto (2008)

Integrando os Sistemas

Notem que a estrutura apresentada para o Sistema de Gestão Ambiental possui uma correspondência direta com o Sistema de Gestão da Qualidade em seus requisitos.

Dessa forma, compete à organização analisar as possibilidades para a implementação deste sistema e as vantagens competitivas a serem obtidas com esta implementação.

Atualmente, as organizações têm se utilizado dessa integração para compor um Sistema de Gestão robusto e que possa realmente contribuir para os resultados de desempenho rumo à excelência empresarial.

Para tanto, além da qualidade e meio ambiente, podemos integrar também as iniciativas voltadas à segurança e à saúde ocupacional. Com essa integração, as organizações estarão consolidando sua preocupação com a qualidade total.

O Que Veremos no Próximo Capítulo...

No próximo capítulo apresentaremos o Sistema de Saúde e Segurança no Trabalho. A ideia é demonstrar como este pode ser integrado aos sistemas de Gestão da Qualidade e de Gestão Ambiental das organizações que desejam integrar estes modelos.

CAPÍTULO 11

Gestão da Segurança e Saúde Ocupacional: Outro Sistema a Ser Integrado

As empresas que buscam definir estratégias de sobrevivência de longo prazo devem se preocupar com três focos específicos: qualidade, segurança e meio ambiente.

Dessa forma, compete aos gestores buscar a integração destas iniciativas dentro das organizações, alinhando as estratégias e promovendo a implementação de sistemas integrados para o gerenciamento de seus processos.

Surge uma nova necessidade, identificar quais são as referências e os modelos para a gestão da saúde ocupacional e segurança no trabalho.

Para atender a essa necessidade, a British Standards Institution promoveu a elaboração da OHSAS (*Occupational Health and Safety Assessment Series*), ou seja, uma série de normas sobre saúde ocupacional e segurança no trabalho.

Estas normas têm âmbito internacional e a OHSAS 18001, que trata sobre gestão de saúde ocupacional e segurança no trabalho, foi desenvolvida com o aval e a participação de diversos países, sendo totalmente compatível com os modelos propostos pela ISO 9001 e ISO 14001, possibilitando também a certificação do sistema.

A integração destes sistemas possibilita uma otimização dos procedimentos, controles e recursos necessários ao gerenciamento de cada um destes temas.

A Preocupação das Organizações com a Saúde e Segurança no Trabalho

As organizações de todos os tipos estão cada vez mais preocupadas em demonstrar melhor desempenho nas questões de saúde e segurança do Trabalho. Isso ocorre porque os acidentes representam um fator indesejável, tanto do ponto de vista social, como do econômico.

Segurança, saúde e bem-estar dos funcionários são fatores relevantes que devem fazer parte da estratégia da organização que busca a competitividade.

Dessa forma, temos mais uma oportunidade dentro das organizações para a sistematização dos procedimentos de maneira estruturada e integrada ao conjunto de atividades de gerenciamento.

Antes de iniciarmos a apresentação dos requisitos do padrão normativo, é importante destacarmos alguns conceitos bastante utilizados.

Conceitos Importantes

Dano

É o efeito prejudicial causado por um evento não desejável dentro de um processo, conforme a tabela 11.1. Em segurança do trabalho, é a gravidade da perda humana, material ou financeira que pode acontecer, se o controle sobre um risco é perdido.

Tabela 11.1: Relação Causa *versus* Fato *versus* Efeito (dano)

Causa	Fato	Efeito (dano)
Exposição ao risco	Evento(s) gerador(es) do dano	Lesões físicas Danos materiais Perdas econômicas Agressões ao meio ambiente, comunidade Dano à imagem

Causa

É a origem de caráter humano ou material relacionado com o evento catastrófico (acidente) pela materialização de um risco, resultando em danos.

Perigo

Propriedade específica de uma fonte de dano produzir seu efeito, que se relaciona a ela, qualitativamente. Expressa uma exposição relativa a um risco, que favorece sua materialização em danos. No entanto, não é possível prever a hora e o dia desta materialização.

Risco

É a probabilidade da ocorrência de um evento danoso (acontecimento indesejável), que pode resultar em dano físico e/ou à propriedade.

Acidente

Evento não planejado que resulta em morte, doença, lesão, dano ou outra perda.

Incidente

Evento que dá origem a um acidente ou que tem o potencial de levar a um acidente.

Segurança e Saúde no Trabalho

São condições e fatores que afetam o bem-estar de funcionários, trabalhadores temporários ou contratados, visitantes ou qualquer outra pessoa no local de trabalho.

Sistema de Gestão da Segurança e Saúde no Trabalho (SST)

Parte do Sistema de Gestão Global que facilita o gerenciamento dos riscos de SST (Segurança e Saúde no Trabalho) associados aos negócios da organização.

Para gerenciar a segurança, podemos utilizar uma sequência de passos baseados em metodologias já utilizadas em outros sistemas, como o PDCA apresentado na tabela 11.2, a seguir:

Tabela 11.2: PDCA Aplicado ao SST

P (Planejar)	Conhecer os problemas (rastrear os riscos) Diagnosticar os problemas e suas relações Estabelecer as metas para a eliminação ou a minimização dos problemas Planejar os programas de segurança
D (Desenvolver)	Comunicar e capacitar todos os envolvidos Implantar as sistemáticas
C (Controlar)	Verificar a eficácia do programa Realizar auditorias internas e externas
A (Agir)	Padronizar os procedimentos Implementar melhorias, com base nos resultados obtidos

A Norma OHSAS 18001

É uma especificação que tem por objetivo prover a organização dos elementos de um Sistema de Gestão da SST eficaz, passível de integração com outros requisitos de gestão, a fim de auxiliar a alcançar seus objetivos de segurança e saúde ocupacional.

Assim como os Sistemas de Gestão da Qualidade e os Sistemas de Gestão Ambiental; os Sistemas de Gestão da Segurança e Saúde no Trabalho se baseiam no modelo do PDCA, conforme a figura 11.1, a seguir:

Figura 11.1: Elementos do Sistema de Gestão da SST

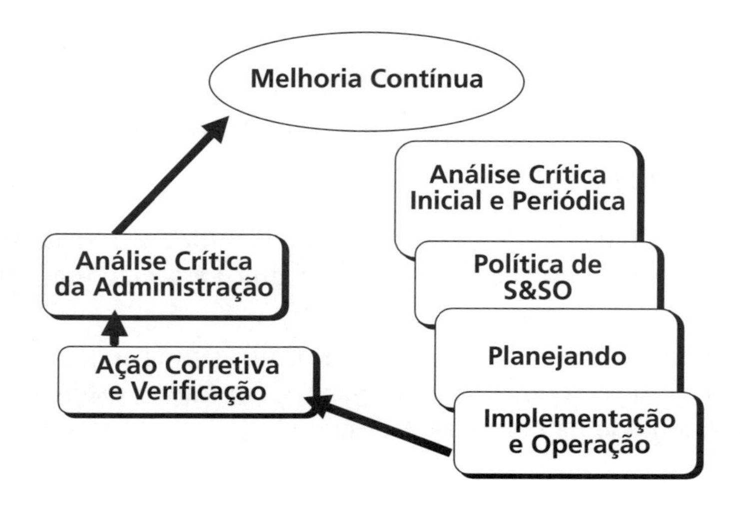

Para o atendimento aos requisitos, a organização deve definir uma política de segurança e saúde no trabalho que deverá ser aprovada pela alta direção e apresentar as seguintes características:

- ser apropriada à natureza e escala dos riscos de segurança e saúde no trabalho da organização;
- incluir o comprometimento com a melhoria contínua;
- incluir o comprometimento com o atendimento, pelo menos, à legislação vigente de segurança e medicina do trabalho aplicável, e a outros requisitos subscritos pela organização;
- ser documentada, implementada e mantida;
- ser comunicada a todos os funcionários, com o objetivo de que eles tenham conhecimento de suas obrigações individuais em relação à segurança e saúde no trabalho;
- estar disponível para as partes interessadas;
- ser periodicamente analisada criticamente, para assegurar que permaneça pertinente e apropriada à organização.

É importante ressaltar que há pontos em comum entre estes requisitos sobre a política de segurança e saúde no trabalho e os requisitos para a política da qualidade e a política ambiental.

Planejamento para Identificação de Perigos e Avaliação e Controle de Riscos

Neste requisito, é fundamental que a organização estabeleça um processo de avaliação dos riscos. Para isso, precisamos adotar uma sistemática para este processo.

Para caracterizar o risco, devemos inicialmente diagnosticá-lo por meio de dados estatísticos sobre as ocorrências de cada evento. Esta análise só será adequada se conhecermos a atividade que está relacionada ao risco.

A tabela 11.3 demonstra como estas informações podem ser organizadas para facilitar o entendimento:

Tabela 11.3: Reconhecimento, Avaliação e Controle do Risco

Reconhecimento	Avaliação	Controle
Identificação Estudo do sistema Inspeção *Checklist* Experiência Bibliografia de referência Análise de projetos Rastreamento	Qualitativa Quantitativa Estudos de análise de riscos, de consequências e vulnerabilidade Estudos de higiene do trabalho Equipamentos de avaliação	Projetos de engenharia Educação e treinamento Comunicação e informação Normas e procedimentos Ação multidisciplinar Envolvimento da direção Proteções coletivas Proteções individuais Rodízio de funcionários

De acordo com a norma OHSAS 18001, a empresa deve estabelecer, implementar e manter procedimentos para a identificação contínua de perigos, avaliação de riscos e implementação das medidas de controle necessárias.

Para a elaboração desses procedimentos devem ser levados em conta:

- atividades de rotina e não rotineiras;
- atividades de todo o pessoal que tem acesso aos locais de trabalho (incluindo subcontratados e visitantes);
- o comportamento humano, capacidades e outros fatores humanos;
- os perigos identificados de origem externa ao local de trabalho;
- os perigos criados nas vizinhanças do local de trabalho por atividades relacionadas ao trabalho, sob controle da organização;
- a infraestrutura, equipamentos e materiais no local de trabalho;
- toda e qualquer mudança ou modificação na organização ou no Sistema de Gestão;
- aspectos legais aplicáveis à avaliação de riscos e à implementação dos controles necessários.

Requisitos Legais e Outros Requisitos

A organização deve estabelecer e manter um procedimento para identificar e ter acesso à legislação e a outros requisitos aplicáveis. Essas informações deverão ser permanentemente atualizadas e comunicadas aos funcionários e às partes interessadas envolvidas.

Objetivos para o Sistema de Segurança e Saúde no Trabalho

A organização deve estabelecer e manter objetivos em cada nível e função pertinentes. Para isso, devem ser utilizadas as análises e avaliações dos riscos existentes, os aspectos legais e regulamentares aplicáveis, as principais opções tecnológicas, os recursos financeiros disponíveis e a visão das partes interessadas.

A Implementação do Programa de Gestão de Segurança e Saúde no Trabalho

Para a implementação do sistema, a organização deve levar em conta os elementos a seguir:

Estrutura e Responsabilidade

A organização deve deixar claramente definidas as responsabilidades de todos os níveis gerenciais, pois a responsabilidade final é da alta direção.

O representante nomeado pela administração do sistema deve ter funções, responsabilidades e autoridades definidas para assegurar que:

- os requisitos do Sistema de Gestão sejam estabelecidos, implementados e mantidos de acordo com a norma OHSAS;
- os relatórios sobre o desempenho do sistema sejam apresentados à alta direção para análise crítica, pois servirão de base para a melhoria do sistema.

Treinamento, Conscientização e Competência

A organização deve estabelecer e manter um procedimento para que os funcionários de todos os níveis estejam conscientizados:

- da importância da conformidade com a política e procedimentos, com os requisitos do Sistema de Gestão;
- das consequências de segurança e saúde no trabalho, reais ou potenciais; de suas atividades de trabalho e dos benefícios para sua segurança e saúde, resultantes da melhoria do seu desempenho pessoal;

- de suas funções e responsabilidades em atingir a conformidade com a política e com os requisitos do Sistema de Gestão, inclusive os requisitos de preparação e atendimento às emergências.

Comunicação

A organização deve manter procedimentos que assegurem a adequada comunicação das informações pertinentes à segurança e saúde no trabalho, para os funcionários e outras partes interessadas.

Documentação do Sistema

Assim como no caso dos Sistemas da Qualidade e Ambiental, o Sistema de Segurança e Saúde no Trabalho também estabelece a necessidade da manutenção das informações em papel ou em meio eletrônico.

É necessário que haja uma sistemática para o controle de todos os documentos e dados exigidos pela norma OHSAS. Para este requisito, valem todas as observações já descritas anteriormente para os outros Sistemas de Gestão (Qualidade e Ambiental).

Controle Operacional

Para atender ao padrão normativo, a organização deve identificar as operações e atividades associadas aos riscos identificados e aplicar as medidas de controle tanto operacionais, como relacionadas a produtos, serviços e equipamentos adquiridos, e controles relacionados a terceirizados e outros visitantes no local de trabalho.

Prontidão e Resposta a Emergências

A organização deve manter planos e procedimentos para identificar o potencial de ocorrência e atender a incidentes e situações de emergência, bem como para prevenir e reduzir as possíveis doenças e lesões que possam estar associadas a eles. Esses procedimentos devem ser testados periodicamente, quando exequíveis, para a avaliação da sua eficácia, em caso de alguma ocorrência.

Verificação

Monitoramento e Medição de Desempenho

Segundo a OHSAS 18001, a organização deve estabelecer, implementar e manter um procedimento para monitorar e medir regularmente o desempenho do Sistema de Gestão, com base em:

- medidas qualitativas e quantitativas, apropriadas às necessidades da organização;
- monitoramento da extensão com a qual os objetivos do Sistema de Gestão da organização são atendidos;
- monitoramento da eficácia dos controles (tanto para a saúde, quanto para a segurança);
- medidas proativas de desempenho que monitorem a conformidade com os programas de gestão e com os controles e critérios operacionais;
- medidas reativas de desempenho que monitorem doenças, incidentes e outras evidências históricas de deficiências no desempenho do Sistema de Gestão;
- registros de dados e resultados do monitoramento e medição, que possibilitem uma análise de ações corretivas e preventivas.

Avaliação do Atendimento a Requisitos

A organização deve implementar e manter procedimento para avaliar periodicamente o atendimento aos requisitos legais aplicáveis. Essas avaliações periódicas devem ser registradas sendo que a frequência das avaliações pode variar para requisitos distintos.

Investigação de Incidente

Um procedimento para registrar, investigar e analisar incidentes deve ser implementado e mantido pela organização.

Esse procedimento visa determinar deficiências do Sistema de Gestão, necessidades de ações corretivas; oportunidades para ações preventivas e para ações de melhoria.

Não conformidade, Ação Corretiva e Preventiva

Assim como nos Sistemas de Gestão da Qualidade e Gestão Ambiental, a organização deve manter procedimentos para tratar as não conformidades efetivas e potenciais e para executar as ações corretivas e ações preventivas.

Controle de Registros

Outro requisito idêntico aos já apresentados pelos modelos de gestão da qualidade e gestão ambiental. Dessa forma, a organização deve manter um procedimento para a identificação, armazenamento, proteção, recuperação, retenção e disposição dos registros. Esses registros devem ser e permanecer legíveis, identificáveis e rastreáveis.

Auditoria Interna

Para esse requisito, o leitor deve seguir as mesmas orientações apresentadas para as auditorias internas do Sistema de Gestão da Qualidade abordadas no Capítulo 8 deste livro.

Análise Crítica pela Administração

O processo de revisão gerencial será realizado com periodicidade pré-determinada. Para essa revisão, devem ser consideradas as seguintes informações:

- o desempenho geral do Sistema de Gestão e de seus elementos individuais;
- os resultados das auditorias internas e das avaliações do atendimento aos requisitos legais aplicáveis e a outros requisitos subscritos pela organização;
- a extensão em que os objetivos foram atendidos;
- os fatores internos e externos, tais como alterações na estrutura organizacional, na legislação, introdução de novas tecnologias, etc.

A partir da análise crítica, a alta direção pode definir:

- ações corretivas necessárias;
- reorientação de metas e cronogramas;
- definição de recursos para o Sistema de Gestão;
- reestruturações no Sistema, para estabelecer o redirecionamento do esforço de se manter a conformidade da organização.

Benefícios da Implantação do Sistema de Gestão da Segurança e Saúde Ocupacional

Para a empresa: um controle dos perigos e riscos de acidentes do trabalho, melhoria na produtividade, otimização dos recursos e, consequentemente, uma imagem sem acidentes e um menor risco de sanções do Poder Público.

Para os clientes: aumento da credibilidade em virtude da atuação responsável e confiabilidade na sustentabilidade do produto.

Para os colaboradores: melhores condições de trabalho, maior segurança, conscientização sobre os riscos e consequente comprometimento com o trabalho de maneira segura.

Para a comunidade: atendimento aos aspectos legais vigentes, maior segurança e consequente redução de acidentes.

Para o meio ambiente: a redução de perdas por acidentes.

A Lógica das Ações de um Sistema de Gestão da Segurança e Saúde Ocupacional

Apresenta-se aqui uma sequência de ações, com as devidas justificativas e os objetivos de cada etapa:

Tabela 11.4: Ações de um Sistema de Gestão de Segurança e Saúde Ocupacional

O QUÊ	PARA QUÊ
Identificar os perigos e avaliar os riscos do SGSSO	Prevenir a ocorrência de acidentes, facilitar a identificação da legislação aplicável e servir de referência para a estruturação do Sistema de Gestão.
Identificar a legislação aplicável	Promover a conformidade com a legislação de segurança aplicável ao negócio da organização.
Definir a política, os objetivos e metas	Explicitar o comprometimento da alta administração com as questões de segurança e saúde no trabalho, com a busca da melhoria contínua, com o atendimento legal; e para alinhar os esforços de todos os componentes da força de trabalho.
Definir e implementar programas	Assegurar atendimento aos objetivos e metas de segurança e saúde no trabalho.
Identificar processos e controles necessários ao Sistema de Gestão	Assegurar um melhor entendimento das atividades e definição de responsabilidades e formas de controle pertinentes.
Sistematizar processos	Deixar bem claras as responsabilidades, o modo de execução, os controles e minimizar os riscos.
Identificar e prover os recursos necessários	Assegurar equipamentos, *softwares*, instalações e recursos humanos adequados às necessidades do Sistema de Gestão.
Executar processos conforme especificado	Assegurar que a produção ocorra em condições controladas, gere resultados previsíveis, consistentes e com menores riscos de segurança e saúde no trabalho.
Monitorar, medir e analisar resultados, incluindo atendimento legal.	Permitir um gerenciamento, com base em informações sustentadas pelo atendimento legal, e subsidiar as ações de correção e de melhoria.
Melhorar continuamente o Sistema	Assegurar redução de não conformidades, redução de riscos de acidentes, redução de sanções legais e aumento contínuo da satisfação das partes interessadas.

Fonte: Adaptado de Hoffmann, Tavares e Ribeiro Neto (2008)

Integrando os Sistemas

Notem que a estrutura apresentada para o Sistema de Gestão de Segurança e Saúde Ocupacional possui uma correspondência direta com os Sistemas de Gestão da Qualidade e Gestão Ambiental em seus requisitos.

Para tanto, as organizações devem entender as similaridades e particularidades dos requisitos de cada Sistema, para então, implementar um Sistema de Gestão Integrado. Com essa integração, as organizações estarão consolidando sua preocupação com a qualidade total.

O Que Veremos no Próximo Capítulo...

No próximo capítulo apresentaremos como uma organização pode implementar um Sistema de Gestão da Responsabilidade Social. A ideia é demonstrar quais são os modelos de gestão disponíveis e passíveis de implementação, e posterior certificação pelas organizações.

CAPÍTULO 12

Sistema de Gestão da Responsabilidade Social

Apesar de ainda se apresentar em estágio de consolidação, os Sistemas de Gestão da Responsabilidade Social merecem uma atenção especial pelos gestores em suas organizações.

As organizações, bem como os seus *stakeholders* (partes interessadas nas organizações), estão cada vez mais conscientizadas da necessidade de um comportamento sustentável, incluindo o bem-estar da sociedade.

Desta forma, o desempenho das organizações com relação à sociedade em que opera e ao seu impacto no meio ambiente transformou-se na parte crítica da medição de seu desempenho total e de sua capacidade de continuar a operar de maneira eficaz.

Para Cerqueira (2006), para o correto entendimento da abrangência do conceito de responsabilidade social, é importante entender que uma organização pode assumir diferentes comportamentos voltados a assegurar o bem-estar dos indivíduos ou dos grupos sociais, relacionados direta ou indiretamente com suas atividades:

Ações de Filantropia – têm como base os princípios de caridade, da custódia e do amor ao próximo, voltadas a minimizar as dores e vicissitudes humanas.

Ações Sociais Externas – têm o objetivo de satisfazer às necessidades de uma sociedade ou de uma comunidade específica, podendo incluir, entre outros, ações e projetos voltados à preservação do meio ambiente, à educação, à promoção da cidadania e à capacitação profissional, visando à geração de trabalho e renda.

Ações Sociais Internas – com o objetivo de proporcionar aos seus funcionários melhor qualidade de vida no trabalho, envolvendo, entre outros aspectos, aqueles relacionados à segurança e saúde ocupacional, às condições do meio ambiente de trabalho, à remuneração, à discriminação e ao respeito aos direitos dos empregados.

A norma mais utilizada mundialmente para fins de certificação tem sido a SA 8000, elaborada pela Social Accountability Internacional – SAI (Responsabilidade Social Internacional).

No Brasil, a ABNT (Associação Brasileira de Normas Técnicas), publicou a NBR 16001, que também pode ser utilizada para fins de certificação. Encontra-se em fase de desenvolvimento pela ISO uma norma de responsabilidade social, a futura ISO 26000, que será composta somente de diretrizes e, portanto, não passível de certificação.

Segundo Cerqueira (2006), pode-se entender por Responsabilidade Social Corporativa ou Empresarial o compromisso permanente que uma organização deve estabelecer com a sociedade quanto às consequências relacionadas aos aspectos positivos ou adversos envolvidos com suas atividades e com suas estratégias de negócio.

Para o instituto ETHOS (*www.ethos.org.br*), Responsabilidade Social Empresarial é a forma de gestão que se define pela relação ética e transparente da empresa com todos os públicos com os quais ela se relaciona e pelo estabelecimento de metas empresariais que impulsionem o desenvolvimento sustentável da sociedade, preservando recursos ambientais e culturais para as gerações futuras, respeitando a diversidade e promovendo a redução das desigualdades sociais.

Toda organização é uma extensão da própria sociedade e, como tal, não pode sobreviver isolada, impactando e sendo impactada pelo contexto social em que está inserida, devendo então, identificar e atender a diferentes requisitos das partes interessadas no negócio, não apenas ao interesse econômico de seus acionistas.

As normas não tratam o conceito de responsabilidade social de maneira idêntica. A SA 8000 foca as relações trabalhistas e busca garantir condições mínimas de trabalho para assegurar o respeito ao ser humano, conforme estabelecido em regulamentações internacionais, principalmente resoluções da Organização das Nações Unidas (ONU) e Organização Internacional do Trabalho (OIT).

Já a NBR 16001 e a futura ISO 26000 utilizam um conceito mais amplo, o conceito de desenvolvimento sustentável, tal qual proposto pela Comissão Brundtland e aceito pela Conferência da ONU no Rio de Janeiro em 1992: "Aquele que responde às necessidades do presente de forma igualitária, mas sem comprometer as possibilidades de sobrevivência e prosperidade das gerações futuras".

O Desenvolvimento Sustentável

O conceito de sustentabilidade do negócio está intimamente ligado ao conceito de sustentabilidade da própria sociedade, uma vez que as organizações vivem e interagem com a sociedade.

A sustentabilidade depende basicamente de três tipos de recursos:

Recursos Econômico-Financeiros – relacionados com os investimentos em infraestrutura e em produção, visando ao lucro ou a outro resultado que atenda aos interesses de seus acionistas ou proprietários, ou seja, é uma relação entre o recurso financeiro investido e o resultado econômico-financeiro obtido. A gestão da qualidade, na medida em que busca atender à satisfação dos clientes e aos requisitos regulamentares relacionados aos produtos intencionais gerados, está diretamente ligada à utilização desses recursos.

Recursos Ambientais – estão relacionados com a utilização dos recursos naturais renováveis ou não renováveis disponíveis e com o impacto que suas atividades produzem nestes recursos. A gestão ambiental está diretamente ligada à utilização destes.

Recursos Sociais – são relacionados com o ser humano e com sua vida no trabalho e em sociedade: a gestão da segurança no trabalho e da saúde ocupacional, bem como a gestão de políticas de respeito aos direitos humanos estão diretamente ligadas à utilização desses recursos.

A figura 12.1 mostra a interação entre esses recursos:

Figura 12.1: Interação entre os Recursos para o Desenvolvimento Sustentável

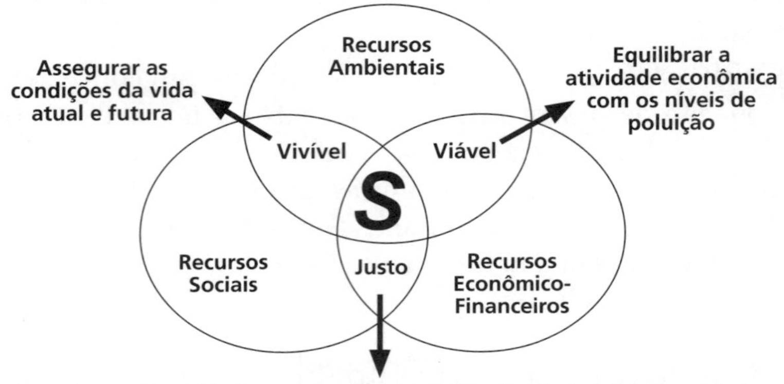

Fonte: Cerqueira, 2006.

Desta forma, a sustentabilidade depende da correta utilização desses recursos pelas empresas de maneira a assegurar a viabilidade do negócio por meio do equilíbrio entre os recursos econômico-financeiros e os recursos ambientais, a preservação das condições de vida atuais e futuras, pela preservação dos recursos naturais e pela manutenção de um meio ambiente saudável que não comprometa adversamente os recursos sociais e a relação justa entre os interesses econômico-financeiros e os interesses da sociedade como um todo.

Portanto, o conceito de sustentabilidade depende de três pilares que bem gerenciados poderão trazer benefícios às organizações.

Figura 12.2: Os Pilares da Sustentabilidade

Levando em conta os Sistemas de Gestão propostos neste livro, pode-se relacionar os pilares da seguinte maneira:

Figura 12.3: Sistemas de Gestão x Os Pilares da Sustentabilidade

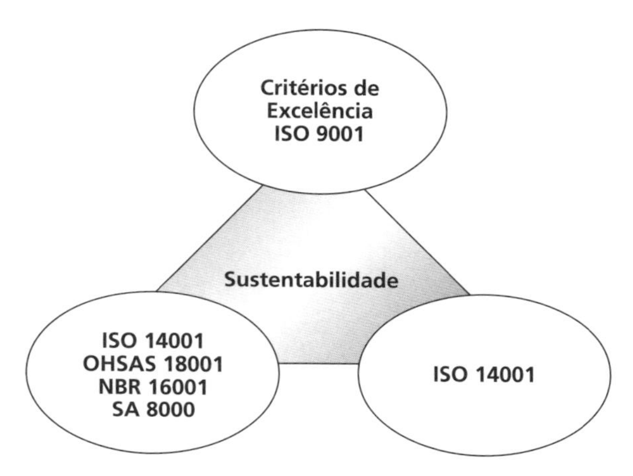

Observa-se que os Sistemas de Gestão podem contribuir diretamente para o sucesso das organizações que buscam a excelência empresarial e a sustentabilidade de seus negócios.

A Norma SA 8000 – *Social Accountability*

A norma foi criada pelo *Council on Economic Priorities Accreditation Agency* (Agência de Certificação do Conselho de Prioridades Econômicas) em 1997.

Os requisitos refletem o aumento das preocupações e exigências com as mudanças nos Sistemas de Gestão das empresas. Observam o desempenho da organização no tocante ao trabalho infantil, ao trabalho escravo ou forçado, às condições internas de saúde e segurança ocupacional, à liberdade de associação, ao direito de negociação coletiva, à carga horária de trabalho, às condições de remuneração e à discriminação de uma forma geral.

A estrutura da norma é a seguinte:

I. Objetivo e escopo

II. Elementos normativos e sua interpretação

III. Definições

IV. Requisitos de responsabilidade social

a. Trabalho infantil
b. Trabalho forçado
c. Saúde e segurança
d. Liberdade de associação e direito à negociação coletiva
e. Discriminação
f. Práticas disciplinares
g. Horário de trabalho
h. Remuneração
i. Sistema de Gestão

Segundo a norma, com relação aos requisitos de responsabilidade social pode-se apresentar a seguinte visão geral de cada requisito:

Trabalho Infantil

A norma SA8000 define como qualquer trabalho realizado por uma criança com idade conforme especificado na definição de criança, ou seja, qualquer pessoa abaixo de 15 anos de idade, a menos que a lei de idade mínima local estipule uma idade maior para trabalho ou educação obrigatória, situação em que prevalece a idade maior ou exceção de acordo com o previsto na recomendação 146 da OIT.

Desta forma, a empresa não deve se envolver ou apoiar o trabalho infantil; isso deve ser comunicado às partes interessadas por meio das políticas e procedimentos para reparação de crianças e pela promoção da educação, incluindo trabalhadores jovens. As empresas também não devem expor crianças ou trabalhadores jovens a situações perigosas, inseguras ou insalubres.

Com isso, a empresa garante o atendimento a critérios internacionais, repara os passivos relacionados com o trabalho infantil e promove a educação.

Trabalho Forçado

O trabalho forçado, segundo o padrão normativo, é todo trabalho ou serviço que seja extraído de qualquer pessoa para o qual esta não se tenha oferecido voluntariamente, como meio de pagamento de débito anterior ou sob a ameaça de qualquer penalidade.

A empresa não deve se envolver ou apoiar o trabalho forçado nem deve exigir "depósitos" dos empregados ou documentos, quando nela iniciarem o trabalho. Com isso, garantem o atendimento legal e eliminam todo o tipo de trabalho forçado ou compulsório sob quaisquer condições.

Saúde e Segurança

Este requisito visa assegurar que os trabalhadores tenham preservada sua integridade física, mental e emocional, por meio da adoção de práticas para evitar a ocorrência de acidentes e danos à saúde.

Desta forma, a empresa deve proporcionar ambiente de trabalho seguro e saudável, instalações adequadas (banheiros e dormitórios) e acesso à água potável. Adicionalmente, a empresa deve nomear um representante da alta administração, responsável pela saúde e segurança, promover treinamento para todos os empregados e estabelecer sistemática para detectar, evitar ou reagir às ameaças à saúde ou à segurança.

Com isso, a empresa garantirá o atendimento a critérios internacionais e disponibilizará aos seus trabalhadores um local seguro, saudável e desprovido de riscos de acidente, tanto a curto como a longo prazo.

Liberdade de Associação e Direito à Negociação Coletiva

A empresa deve respeitar o direito de todos os empregados de formar e se associar a sindicatos de trabalhadores de sua escolha, e que seus representantes não sejam sujeitos a práticas discriminatórias. Desta forma, garante o atendimento legal e permite a liberdade de associação e negociação coletiva.

Discriminação

A empresa não deve apoiar a discriminação baseada em raça, classe social, nacionalidade, religião, deficiência, sexo, orientação sexual, associação a sindicato ou afiliação política ou idade. A empresa também não deve permitir comportamento, gestos, linguagem ou contato físico que seja sexualmente ameaçador, abusivo ou exploratório. Desta forma, garante o atendimento legal e assegura tratamento igualitário a todos.

Práticas Disciplinares

A empresa não deve se envolver ou apoiar a utilização de punição corporal, mental ou coerção física e abuso verbal, visando garantir o atendimento a critérios internacionais e assegurar a integridade dos trabalhadores.

Horário de Trabalho

Neste requisito a empresa deve cumprir com a legislação aplicável: a semana de trabalho não deve exceder 48 horas, com um dia de folga em cada período de sete dias, e que as horas extras não excedam 12 por semana. Com isso, garante o atendimento legal e proporciona maior qualidade de vida aos trabalhadores.

Remuneração

A empresa deve assegurar que os salários pagos sejam suficientes para as necessidades básicas, proporcionem uma renda extra e estejam em conformidade com as leis aplicáveis. A empresa também deve assegurar que a composição de salários e benefícios seja detalhada, clara e regular para os trabalhadores.

Desta forma, garante o atendimento a critérios internacionais e assegura que os salários e benefícios concedidos sejam suficientes para que os trabalhadores e seus dependentes se alimentem, vistam-se e tenham um local para morar.

A norma agregou num único requisito os elementos do Sistema de Gestão da Responsabilidade Social. Desta forma, tem-se:

Sistema de Gestão

- Política;
- Análise crítica pela alta administração;
- Representante da empresa;
- Planejamento e implementação;
- Controle de fornecedores/subcontratados e subfornecedores;
- Tratamento das preocupações e tomada de ação corretiva;

- Comunicação externa;
- Acesso para verificação;
- Registro.

A estruturação de um sistema de responsabilidade social, que seja aderente às diretrizes e objetivos organizacionais, conforme os requisitos da norma SA 8000, deve contemplar os itens relacionados a seguir.

A Lógica das Ações de um Sistema de Gestão da Responsabilidade Social

Apresenta-se aqui uma sequência de ações com as devidas justificativas, bem como com os objetivos de cada etapa:

Tabela 12.1: Ações de um Sistema de Responsabilidade Social – baseada na SA 8000

O QUÊ	PARA QUÊ
Identificar as legislações aplicáveis	Complementar os requisitos normativos com os requisitos específicos de cada país.
Definir a política de responsabilidade social, objetivos e metas sociais	Clarificar o comprometimento da alta administração com as questões sociais requeridas pela norma, com a legislação e com a melhoria continua.
Implementar os requisitos de responsabilidade social	Assegurar a conformidade às convenções da OIT, da ONU e legislações específicas de cada país.
Selecionar e avaliar fornecedores	Comprometer a cadeia de fornecimento com os requisitos normativos.
Monitorar, medir e analisar resultados, incluindo atendimento legal	Permitir gerenciamento com base em informações sustentadas pelo atendimento legal e subsidiar as ações reparadoras, de correção e de melhoria.
Melhorar continuamente o sistema	Assegurar redução de não conformidades, redução de risco social, redução de sanções legais e aumento contínuo da satisfação das partes interessadas.

Fonte: Adaptado de Hoffmann, Tavares e Ribeiro Neto (2008)

A Norma ABNT NBR 16001

Essa norma foi desenvolvida por um grupo de trabalho (GT) da ABNT e publicada sua primeira versão em dezembro de 2004.

Nesta norma, diferentemente da SA 8000, apresenta-se uma abordagem da responsabilidade social em seus aspectos mais amplos, relacionados com a concepção de desenvolvimento sustentável estabelecida pela Comissão de Brundtland e aceita pela ECO 92 no Rio de Janeiro.

Desta forma, utiliza como base conceitual a necessidade de equilíbrio entre as três dimensões da sustentabilidade: econômica, ambiental e social.

A figura 12.4 apresenta o modelo do Sistema de Gestão de Responsabilidade Social de acordo com a ABNT NBR 16001:2004:

Figura 12.4: Modelo do Sistema de Gestão de Responsabilidade Social

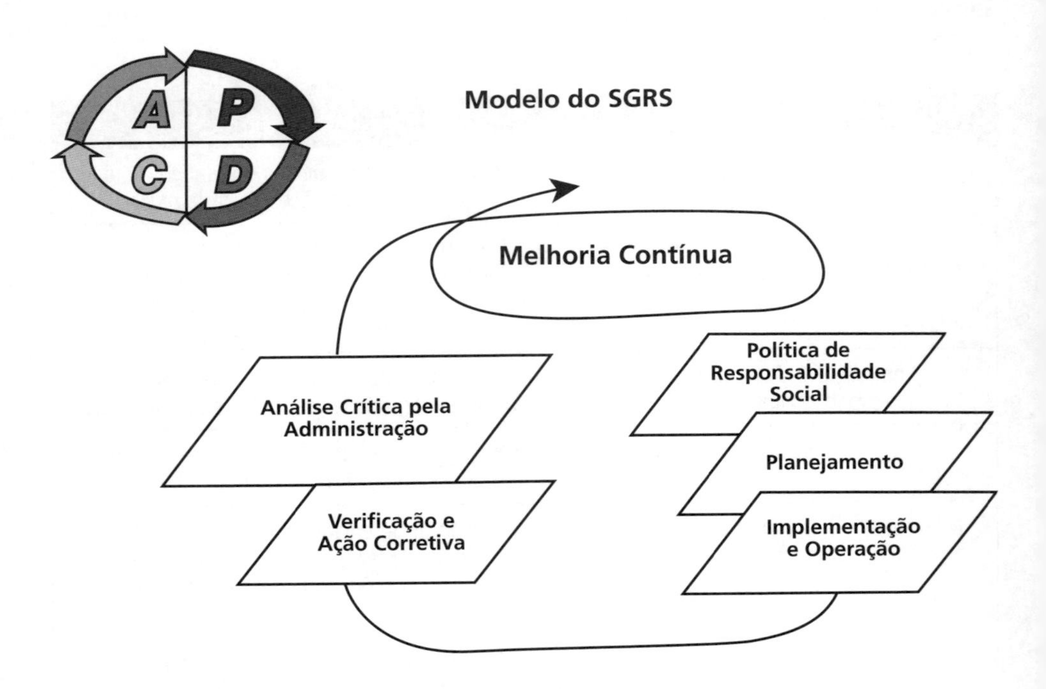

Fonte: ABNT NBR 16001:2004

A norma está estruturada em três seções, em que somente a seção 3 é composta por requisitos de Gestão da Responsabilidade Social:

1. Objetivo
2. Definições
3. Requisitos do Sistema de Gestão da Responsabilidade Social
3.1 Requisitos gerais
3.2 Política de responsabilidade social
3.3 Planejamento
3.4 Implementação e operação
3.5 Requisitos de documentação
3.6 Medição, análise e melhoria

Percebe-se pela estrutura da norma que ela foi organizada para ser compatível com as normas ISO 9001 e ISO 14001, permitindo às organizações não só uma integração coerente com as demais normas, mas também uma abordagem que inclui aspectos mais abrangentes de suas atividades, produtos e sistemas, trazendo uma visão mais ampla da gestão.

Para maior esclarecimento, a seguir será apresentado um comentário geral sobre cada requisito do Sistema de Gestão da Responsabilidade Social.

Requisitos Gerais

A organização deve estabelecer, implementar, manter e melhorar continuamente o Sistema de Gestão de Responsabilidade Social para assegurar o atendimento aos requisitos normativos e o alinhamento aos propósitos da organização.

Política de Responsabilidade Social

A política de responsabilidade social deve incluir o comprometimento com a promoção da ética, o desenvolvimento sustentável, a melhoria contínua, a prevenção de impactos adversos e o atendimento aos requisitos legais. Essa política deve ser comunicada e entendida por todos, além de estar disponível ao público.

Com isso, a organização promove o alinhamento de esforços para o atendimento dos requisitos da responsabilidade social, por meio de uma relação ética e transparente da organização com suas partes interessadas.

Planejamento

Esses requisitos visam permitir o alinhamento das ações da organização de modo a atender aos requisitos de responsabilidade social, otimizando a necessidade de recursos. São divididos em quatro requisitos:

- Aspectos de responsabilidade social;
- Requisitos legais e outros;
- Objetivos, metas e programas;
- Recursos, regras, responsabilidade e autoridade.

Aspectos de Responsabilidade Social

A empresa deve identificar as partes interessadas e suas percepções, os aspectos da responsabilidade social resultante das relações, dos processos, dos produtos e serviços da organização e a identificação daqueles aspectos que possam ter impactos significativos sobre o meio ambiente, o contexto econômico ou social.

Requisitos legais e Outros

A identificação dos requisitos legais aplicáveis e outros eventualmente subscritos, relacionados com os aspectos da responsabilidade social.

Objetivos, Metas e Programas

Os objetivos e metas sociais devem estar coerentes com a política da responsabilidade social. Também devem considerar boas práticas de governança; combate à pirataria, sonegação, fraude e corrupção; práticas leais de concorrência; direitos da criança e do adolescente; direitos do trabalhador; promoção da diversidade e combate à discriminação; compromisso com o desenvolvimento profissional; promoção da saúde e segurança; promoção de padrões sustentáveis de desenvolvimento; proteção ao meio ambiente e aos direitos de gerações futuras e ações sociais de interesse público. Programas devem ser elaborados visando atender aos objetivos e metas. Estes devem incluir os responsáveis, os meios e os prazos para a execução das ações.

Recursos, Regras, Responsabilidades e Autoridade

Este requisito trata da disponibilização dos recursos, incluindo recursos humanos, qualificações necessárias, tecnologia, infraestrutura e recursos financeiros. A definição das responsabilidades e autoridades para a gestão do sistema, bem como da nomeação de um representante da administração tem como objetivo assegurar a adequação do Sistema de Gestão e relatar o seu desempenho para a alta administração.

Desta forma, é assegurado o alinhamento dos aspectos e impactos sociais identificados na organização, os requisitos legais aplicáveis, os recursos necessários e a estrutura de diretrizes e gestão interna.

Implementação e Operação

Este item é composto dos seguintes requisitos:

- Competência, treinamento e conscientização;
- Comunicação;
- Controle Operacional.

Competência, Treinamento e Conscientização

Este item requer a determinação das competências de todo o pessoal que tenha potencial de causar impactos sociais significativos, o fornecimento dos treinamentos necessários e a manutenção dos registros correspondentes. Requer, também, que seja promovida a conscientização dos requisitos e compromissos da organização nas questões da responsabilidade social, para os que trabalham para ela ou em seu nome.

Comunicação

Para o atendimento a este requisito a empresa deve estabelecer um procedimento para promover a comunicação interna, tratamento das solicitações oriundas de partes interessadas externas e divulgação periódica do Sistema de Gestão, seus objetivos e metas, ações e resultados para as partes interessadas.

Controle Operacional

As operações associadas com os aspectos da responsabilidade social significativos devem ser planejadas, bem como definidos procedimentos e critérios operacionais, e mantidos atualizados os planos de contingência.

O atendimento a esses requisitos assegura a competência dos envolvidos com eventuais impactos sociais significativos, garantindo a comunicação pertinente do Sistema de Gestão e assegurando o controle das operações.

Requisitos de Documentação

Este item é composto dos seguintes requisitos:

- Generalidades;
- Manual do Sistema de Gestão da Responsabilidade Social;
- Controle de documentos;
- Controle de registros.

Generalidades

Este requisito exige que a documentação do Sistema de Gestão contenha política, objetivos e metas, manual do Sistema de Gestão, procedimentos documentados e registros requeridos pela norma e demais documentos necessários para o planejamento, operação e controle dos processos relacionados com a responsabilidade social.

Manual do Sistema de Gestão da Responsabilidade Social

O manual deve incluir o escopo do Sistema de Gestão, a descrição e interação dos principais elementos do sistema, além da inclusão ou referência à política, aos objetivos, às metas de responsabilidade social e aos procedimentos estabelecidos.

Controle de Documentos

Deve ser estabelecido um procedimento documentado para controlar todos os documentos do Sistema de Gestão, definindo responsabilidades para aprovação e controles para assegurar que as versões vigentes estejam disponíveis nos locais de uso.

Controle de Registros

Os registros devem ser mantidos para demonstrar a conformidade com os requisitos de Sistema de Gestão da organização e da norma NBR 16001:2004. Um procedimento deverá ser estabelecido para controle desses registros.

O atendimento a esses requisitos permite a consistência das ações, promove atuação transparente, garante a rastreabilidade das operações e aumenta a confiabilidade no Sistema de Gestão.

Medição, Análise e Melhoria

Este item é composto dos seguintes requisitos:

- Monitoramento e medição;
- Avaliação da conformidade;
- Não conformidade e ações corretivas e preventivas;
- Auditoria interna;
- Análise pela alta administração.

Monitoramento e Medição

Devem ser monitoradas e medidas as características principais de suas relações, processos, produtos e serviços que possam ter impacto social significativo, incluindo o desempenho social, controles operacionais e a conformidade com objetivos e metas.

Desta forma, permite-se o efetivo acompanhamento do atendimento aos requisitos do Sistema de Gestão, incluindo a aderência à política, aos objetivos e às metas da responsabilidade social.

Avaliação da Conformidade

A organização deve estabelecer um procedimento para avaliar o atendimento aos requisitos legais e a outros subscritos pela organização, mantendo-se os registros dessa avaliação.

Com essas ações a organização garante a contínua aderência às legislações vigentes, nos âmbitos federal, estadual e municipal.

Não Conformidade e Ações Corretivas e Preventivas

Deve ser implementado um procedimento para tratar das não conformidades reais e potenciais, ações corretivas e ações preventivas, incluindo ações para mitigação dos impactos, análise de causa, registro e análise de eficácia.

Com isso, a organização permite uma pronta resposta a ações adversas e previne a ocorrência de outras, causando o menor impacto ao meio ambiente e ao contexto econômico e social.

Auditoria Interna

Para a verificação da conformidade do Sistema de Gestão com a norma NBR 16001, devem ser realizadas auditorias internas em intervalos planejados. Também se verifica se o que foi planejado pela organização está sendo mantido. Deve ser estabelecido um procedimento, no qual as responsabilidades e os requisitos para planejamento e execução das auditorias estejam estabelecidos.

Com isso, a organização provém confiança às demais partes interessadas quanto à conformidade e eficácia do Sistema de Gestão.

Análise pela alta administração

A alta direção deve analisar criticamente a adequação, pertinência e eficácia do Sistema de Gestão em intervalos planejados, com a manutenção de registros dessas análises.

Desta forma, a organização assegura que o Sistema de Gestão se mantenha continuamente adequado, pertinente e eficaz.

Benefícios da Implantação do Sistema de Gestão da Responsabilidade Social

Os benefícios da implantação do Sistema de Gestão da Responsabilidade Social são muitos e podem ser apresentados de acordo com cada parte interessada.

Para os acionistas, valorização da marca perante o mercado e seus clientes, valorização da empresa e de sua reputação, segurança com relação à seriedade da gestão, reconhecimento global das práticas organizacionais, redução de riscos sociais como greves, acidentes do trabalho e processos trabalhistas. Também promove a implementação dos valores organizacionais, facilita o recrutamento de empregados, aumenta a retenção e a produtividade e melhora a relações com clientes e fornecedores.

Para os clientes, demonstra mais segurança e transparência nas relações e valorização do fornecedor.

Para os sindicatos, torna-se uma ferramenta de educação dos empregados nos direitos trabalhistas, facilita as negociações com sindicatos, apresenta uma oportunidade de trabalhar diretamente com a organização nas questões trabalhistas, apresenta-se como um mecanismo de conscientização pública sobre o comprometimento das empresas em garantir condições adequadas de trabalho.

Para a comunidade, transparência das práticas adotadas pela organização, maior integração da organização com a comunidade e credibilidade nas ações corporativas.

Para os fornecedores, incentivo para uma administração socialmente responsável em toda a cadeia de suprimentos, melhores condições comerciais, facilidade de realização de parcerias.

Para os empregados, redução de conflitos trabalhistas, maior transparência nas relações e maior motivação dos empregados.

A Lógica das Ações de um Sistema de Gestão da Responsabilidade Social

Apresenta-se aqui uma sequência de ações com as devidas justificativas bem como, com os objetivos de cada etapa:

Tabela 12.2: Ações de um Sistema de Gestão da Responsabilidade Social

O QUÊ	PARA QUÊ
Identificar as legislações aplicáveis, aspectos pertinentes e eventuais passivos sociais	Promover a conformidade legal em todos os níveis aplicáveis da organização e facilitar a identificação de ações de reparação ou adequação.
Definir a política de responsabilidade social, os objetivos e metas sociais	Explicitar o comprometimento da alta administração com as questões sociais requeridas pela norma, com a legislação e a busca da melhoria contínua.
Identificar processos e controles necessários ao Sistema de Gestão	Assegurar um melhor entendimento das atividades, identificar os riscos, as responsabilidades e as formas de controle pertinentes.
Sistematizar processos	Deixar bem claros as responsabilidades, o modo de execução e forma de mensuração da eficácia dos processos.
Identificar e prover os recursos necessários	Assegurar equipamentos, *softwares*, instalações e recursos humanos adequados às necessidades do Sistema de Gestão.
Executar processos conforme especificado	Assegurar que a operação ocorra sob condições controladas, gere resultados previsíveis, consistentes e com menores impactos sociais.
Monitorar, medir e analisar resultados, incluindo atendimento legal	Permitir um gerenciamento com base em informações, sustentadas pelo atendimento legal, e subsidiar as ações reparadoras, de correção e de melhoria.
Melhorar continuamente o sistema	Assegurar redução de não conformidades, redução do risco social, redução de sanções legais e aumento contínuo da satisfação das partes interessadas.

Fonte: Adaptado de Hoffmann, Tavares e Ribeiro Neto (2008)

O Que Veremos no Próximo Capítulo...

No próximo capítulo apresentaremos como uma organização pode integrar os Sistemas de Gestão. A idéia é demonstrar como os Sistemas de Gestão da Qualidade, Sistemas de Gestão Ambiental, Sistemas de Gestão da Segurança e Saúde Ocupacional e os Sistemas de Gestão da Responsabilidade Social das organizações podem ser integrados.

CAPÍTULO 13

Sistemas de Gestão Integrados

O histórico das certificações dos Sistemas de Gestão das organizações demonstra que as iniciativas sempre foram isoladas, ou seja, normalmente as empresas implementavam e depois obtinham a certificação do Sistema de Gestão da Qualidade. Somente quando este sistema estava devidamente consolidado, dava-se início à implementação de um Sistema de Gestão Ambiental.

Da mesma forma, após a consolidação do Sistema de Gestão Ambiental, seguia-se a mesma lógica para a implementação do Sistema de Gestão da Segurança e Saúde Ocupacional. Somente após a implementação e a certificação dos três Sistemas de Gestão de forma isolada, é que as empresas buscavam integrar procedimentos e, consequentemente, integrar os Sistemas de Gestão.

Isso acontecia, pois normalmente os Sistemas de Gestão eram conduzidos por profissionais com formações acadêmicas diferentes, alocados em unidades funcionais distintas e submetidos a legislações e regulamentações completamente independentes.

Porém, com a implementação de Sistemas de Gestão baseados nas normas ISO 9001, ISO 14001, NBR 16001 e OHSAS 18001 pelas empresas, observa-se uma nova realidade.

Conforme apresentado nos capítulos anteriores deste livro, os modelos de gestão possuem muitos requisitos comuns e que podem perfeitamente ser integrados. À medida que as organizações obtêm múltiplas certificações, cresce a necessidade de se desenvolver e implementar um sistema único, que coordene os requisitos, integre os elementos comuns e reduza as redundâncias do Sistema de Gestão.

Os pontos comuns entre os sistemas propostos pelos padrões normativos podem ser observados na tabela 13.1:

Tabela 13.1: Correlação entre os Padrões Normativos

Padrões Normativos dos Sistemas de Gestão				
	ISO 9001:2008	ISO 14001:2004	OHSAS 18001:2007	ABNT NBR 16001:2004
	Qualidade	Meio Ambiente	Segurança e Saúde	Responsabilidade Social
	Correlação entre os Padrões Normativos			
Significância	Atividades Chaves (produto)	Atividades Impactantes (Leg. X Impactos)	Atividades Perigosas (Leg. X Riscos)	Atividades Ilícitas (Leg. X Atos)
Influência	Requisitos Contratuais	Exerce Influência	Exerce Influência	Exerce Influência
Regime Operacional	Normal	Normal e Emergencial	Normal e Emergencial	Normal
Foco	Melhoria Contínua	Melhoria Contínua	Melhoria Contínua	Melhoria Contínua

Observa-se que o foco de todos os modelos é a melhoria contínua, o que permite a utilização de um Sistema de Gestão baseado no ciclo PDCA.

Tabela 13.2 Correlação entre os Sistemas de Gestão

Sistemas de Gestão				
	Qualidade	Meio Ambiente	Segurança e Saúde	Responsabilidade Social
	Correlação entre os Sistemas de Gestão			
Objetivo	Qualidade Pactuada	Prevenção à Poluição	Prevenção a Acidentes e Doenças	Necessidades Internas e Externas
Alvo	Cliente	Comunidade	Colaboradores	Colaboradores e Comunidade
Abrangência	Processos Envolvidos	Área Geográfica	Equipe Interna	Área Geográfica

Neste quadro observa-se uma correlação entre os Sistemas de Gestão, demonstrando suas particularidades em relação aos objetivos, alvo ou foco principal e a abrangência de sua aplicação.

Trata-se de um caminho sem volta, pois lidar com os sistemas isolados, tentando atender questões distintas, só aumentam as possibilidades de retrabalhos e erros gerenciais pela falta de integração.

A concepção de um sistema integrado é muito fácil para se compreender, pois qualquer processo gera produtos desejáveis (ou o que foi solicitado pelo cliente) e produtos indesejáveis (poluentes, resíduos, condições inseguras, etc.) que podem impactar negativamente sobre o ambiente, a sociedade e a saúde e a segurança dos empregados.

A figura 13.1 demonstra um modelo genérico de como seria a abordagem de um Sistema de Gestão Integrado para uma organização. Não importa o porte da organização ou o segmento de atuação, quando se consideram os modelos de gestão estudados neste livro. Sabe-se que não se conseguirá êxito nas ações, se todas as variáveis envolvidas não forem devidamente consideradas.

Figura 13.1 Modelo Genérico de um Sistema de Gestão Integrado (SGI)

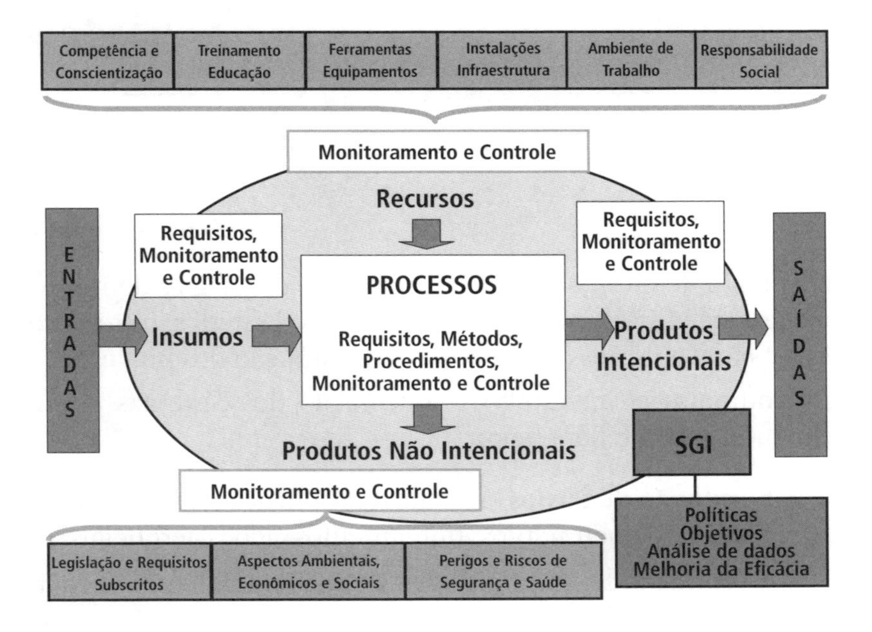

Fonte: Cerqueira, 2006

Para Cerqueira (2006), a etapa de planejamento do processo de implementação de um Sistema de Gestão Integrado (SGI) visa definir um caminho a ser seguido entre uma situação atual e uma situação futura, até a efetiva implementação do sistema, incluindo premissas, responsabilidades, etapas, controles, cronogramas e recursos que deverão ser alocados.

Figura 13.2 Sistema para a Gestão Sustentável de um Negócio

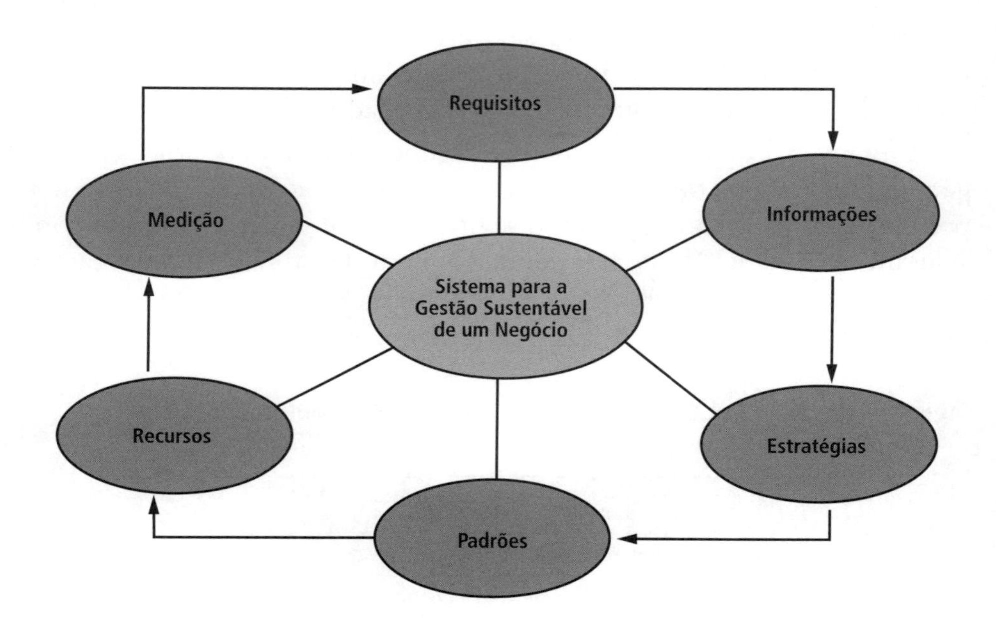

Fonte: Cerqueira, 2006

Um Sistema de Gestão deverá considerar as estratégias do negócio, as informações necessárias, os padrões e requisitos definidos, os recursos disponíveis e os mecanismos de medição e mensuração dos processos.

Para Hoffmann *et al.* (2008), a integração dos Sistemas de Gestão apresenta uma série de benefícios:

- **redução de custos:** ao evitar a duplicação de auditorias, controle de documentos, treinamentos, ações gerenciais, etc;
- **redução de duplicidades e burocracia:** tudo fica muito mais simples se os empregados envolvidos diretamente com a produção receberem um único documento, orientando

o modo correto de realização de seu trabalho e não um de qualidade, outro de meio ambiente, outro de saúde e segurança do trabalho;

- **redução de conflitos dos sistemas:** ao evitar grupos específicos para qualidade, meio ambiente, responsabilidade social e saúde e segurança, minimizam-se conflitos entre documentos e prioridades;
- **economia de tempo da alta direção:** ao permitir a realização de uma única análise crítica;
- **abordagem holística** para o gerenciamento dos riscos organizacionais, ao assegurar que todas as consequências de uma determinada ação sejam consideradas;
- **melhoria da comunicação:** ao utilizar um único conjunto de objetivos e uma abordagem integrada, de equipe;
- **melhoria do desempenho organizacional:** ao estabelecer uma única estrutura para a melhoria da qualidade, meio ambiente, responsabilidade social e saúde e segurança, ligada aos objetivos corporativos, contribui para a melhoria contínua da organização.

Não se pode achar que a integração dos Sistemas de Gestão se resuma apenas em se juntar a documentação dos sistemas distintos. É importante que se tenha o foco na eficiência e eficácia do Sistema de Gestão como um todo. É claro que a documentação é importante, mas não pode ser considerada como um único objetivo da integração.

Para Cerqueira (2006), o Sistema de Gestão Integrado deve ser desenvolvido para atender requisitos provenientes das diversas partes interessadas. São requisitos relacionados aos produtos, processos, às necessidades do próprio Sistema de Gestão e aos imperativos do negócio. São requisitos não declarados (implícitos) ou declarados (explícitos) por meio de intenções, de pedidos de clientes, de normas, de códigos, de regulamentos ou de leis que devem ser atendidas pela organização.

Incluem especificações técnicas, características da qualidade dos produtos, parâmetros de processo, requisitos ambientais, requisitos de segurança e saúde no trabalho e requisitos de responsabilidade social. A figura 13.3 ilustra os requisitos declarados e não declarados para um Sistema de Gestão Integrado:

Figura 13.3 Requisitos Declarados e Não Declarados para um Sistema de Gestão Integrado

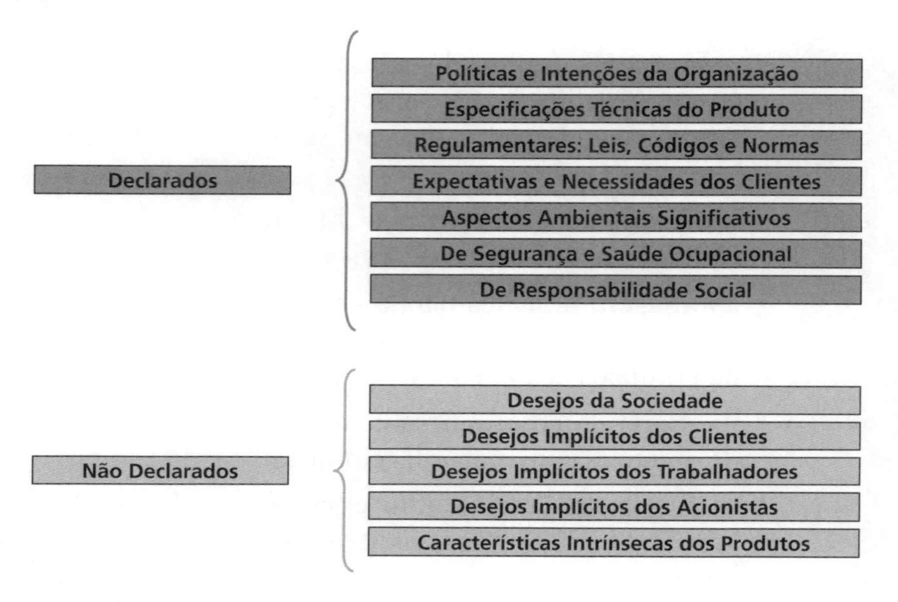

Fonte: Cerqueira, 2006.

Após a identificação dos requisitos, deve-se analisar os dados disponíveis para traduzi-los em linguagem apropriada aos processos ou ao negócio.

Figura 13.4 Fluxo de Análise das Informações para o Sistema de Gestão

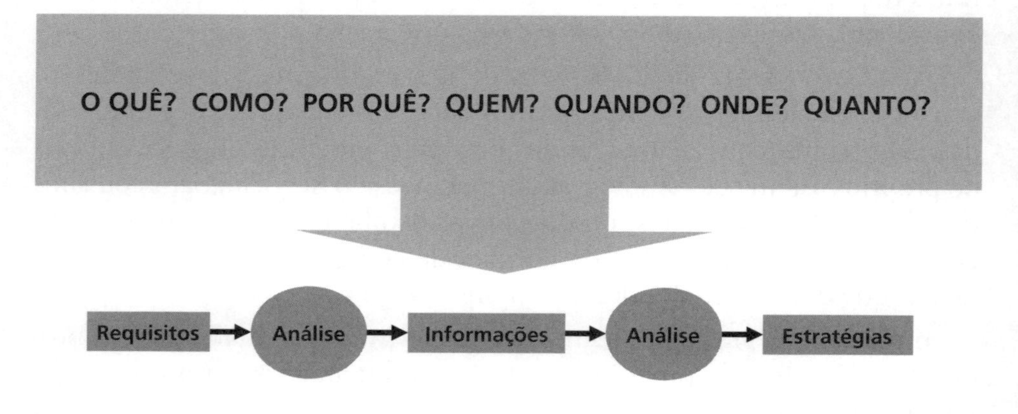

Fonte: Cerqueira, 2006

A figura 13.4 apresenta o fluxo a ser seguido para o tratamento das informações que servirão de base para a implementação do Sistema de Gestão.

Elementos Comuns aos Sistemas de Gestão

Os requisitos comuns entre os sistemas são praticamente aqueles de gestão, todos eles exigem que a empresa tenha uma política de atuação dentro de cada campo: qualidade, meio ambiente, saúde e segurança. Entre os pontos comuns dos sistemas estão: estabelecimento e divulgação de política; definição de objetivos e metas; criação de um sistema de controle e elaboração de documentos; competência de pessoal; auditorias do sistema; revisões e análises críticas do sistema; melhoria contínua.

Normalmente, inicia-se a implementação do Sistema de Gestão Integrado com a definição da política de gestão integrada. Essa política, assim como previsto em cada Sistema de Gestão isolado, deve ser implementada, divulgada, entendida e cumprida por todos os níveis da organização abrangidos pelo Sistema de Gestão. Essa política deve sempre estar alinhada com a visão e a missão do negócio da organização e ser um desdobramento natural das crenças e valores, bem como levar em conta as necessidades de atendimento aos requisitos das diversas partes interessadas.

Figura 13.5 Visão do Sistema de Gestão Integrado

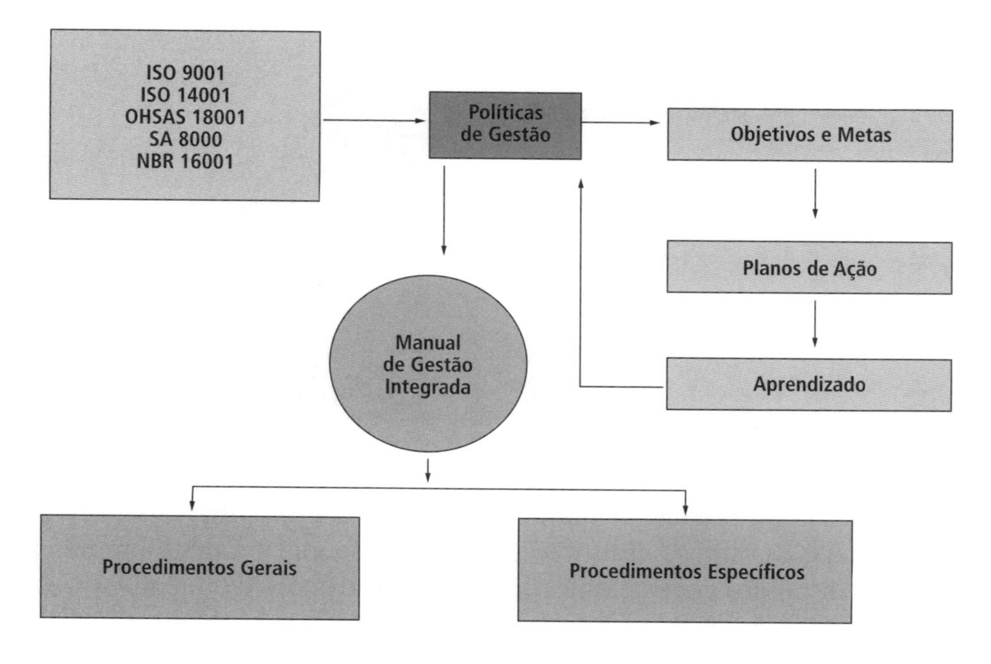

Fonte: Cerqueira, 2006.

Observa-se na figura 13.5 que a política de gestão fornece a base inicial para a implementação do Sistema de Gestão Integrado.

Documentos do Sistema de Gestão Integrado

Uma das partes mais importantes de um Sistema de Gestão é sempre sua estrutura de documentos. É muito importante definir que tipos de documentos devem compor o Sistema de Gestão, qual a relação entre eles e para que níveis devem ser emitidos; bem como as responsabilidades por sua elaboração, aprovação e implementação.

Figura 13.6 Evolução da Estrutura Documental de uma Organização

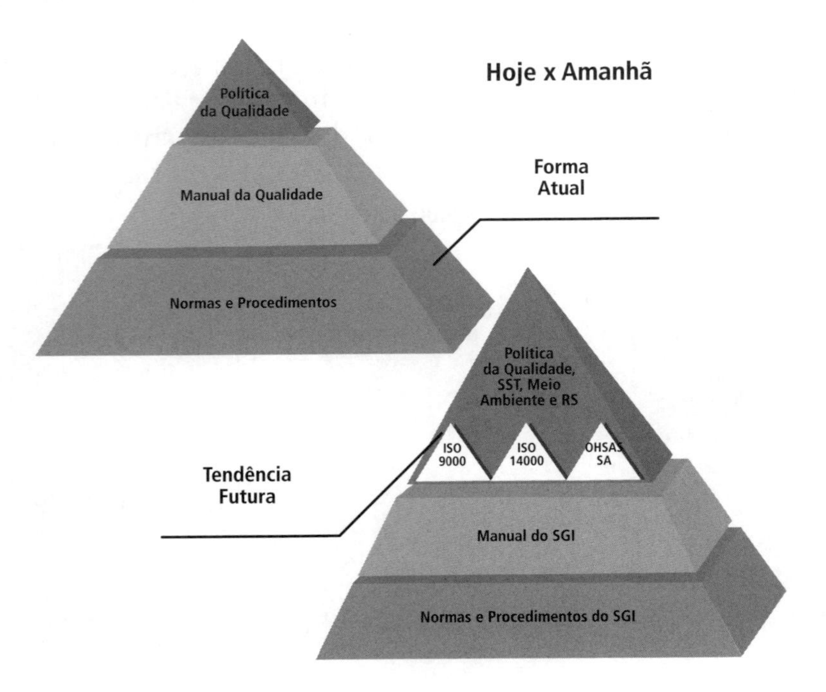

A figura 13.6 mostra a tendência futura de integração dos Sistemas de Gestão das organizações. A hierarquia entre a documentação será mantida, ou seja, a política, a estruturação de um manual e o desdobramento em procedimentos gerais e específicos e em instruções de trabalho.

Na elaboração da documentação devem-se considerar os documentos gerais, ou seja, comuns aos Sistemas de Gestão e os documentos específicos de cada Sistema de Gestão. Dentre eles, pode-se destacar:

Procedimentos Gerais

- Padronização de Documentos;
- Análise Crítica pela Direção;
- Controle de Documentos;
- Controle de Registros;
- Competência, Conscientização e Treinamento;
- Comunicação Interna e Externa;
- Ação Corretiva, Preventiva e Melhoria;
- Auditorias Internas;
- Tratamento de Não Conformidades;
- Medição e Monitoramento;
- Identificação e Acesso à Legislação;
- Conformidade Legal.

Procedimentos Específicos

- Análise Crítica dos Requisitos do Produto;
- Controle de Processos e Operações;
- Controle de Equipamentos de Medição;
- Medição da Satisfação de Clientes e Outras Partes Interessadas;
- Desenvolvimento do Produto;
- Aquisição e Relação com Fornecedores;
- Identificação de Aspectos e Impactos Ambientais;
- Identificação de Perigos e Riscos de Segurança e Saúde Ocupacional;
- Preparação e Atendimento às Emergências;
- Responsabilidade Social;
- Outros considerados pertinentes.

Planejamento de Ações para o Sistema de Gestão Integrado

É importante se preocupar em cumprir as etapas para a implementação do Sistema de Gestão. Inicialmente, deve-se mapear a organização por processos para o devido entendimento das interações entre os processos como mostra a figura 13.7:

Figura 13.7: Diagrama de Interação de Processo

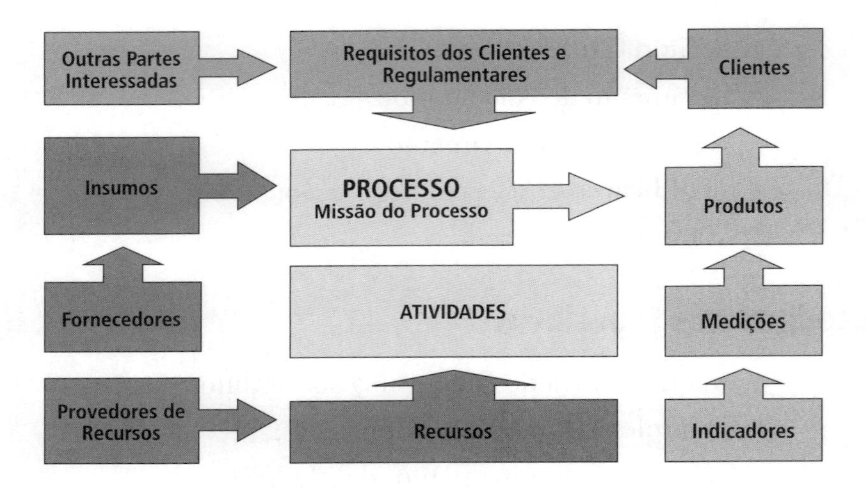

Em seguida, definir objetivos com indicadores e metas alinhados com a política, para então iniciar a gestão do sistema, monitorando as metas, definindo planos de ação para o alcance das metas, realizando análises críticas do Sistema de Gestão, evidenciando melhoria contínua dos processos, monitorando a satisfação dos clientes e partes interessadas e assegurando o atendimento aos requisitos legais aplicáveis e a outros requisitos subscritos pela organização.

A PAS 99

Visando facilitar a integração dos Sistemas de Gestão, a entidade britânica de normas, a *BSI British Standards*, desenvolveu a primeira especificação do mundo de requisitos comuns de Sistemas Integrados de Gestão: a PAS 99:2006. PAS significa: *Publicly Available Specification* (Especificação Disponível Publicamente).

A PAS 99 fornece um modelo simples para as organizações integrarem em uma única estrutura todas as normas e especificações de Sistemas de Gestão que adotam. O principal objetivo da PAS 99 é simplificar a implementação de múltiplos sistemas e sua respectiva avaliação de conformidade.

Esta norma não foi desenvolvida com a finalidade de certificação, portanto deve ser utilizada em conjunto com as normas de Sistemas de Gestão que a organização adotar, sendo a certificação realizada para cada norma em particular.

Dessa forma, a conformidade com a PAS 99 não garante em si a conformidade com essas outras normas de Sistemas de Gestão. Os requisitos específicos de cada norma ainda terão que ser cobertos e atendidos para que a certificação, caso desejada, seja obtida.

A certificação com a PAS 99:2006, por si só, não é apropriada. Ela foi elaborada, portanto, com o propósito de auxiliar as organizações a se beneficiarem com a consolidação dos requisitos comuns de todas as normas/especificações de Sistemas de Gestão e com a gestão eficaz desses requisitos.

O modelo utilizado para a estrutura da PAS 99 está intimamente relacionado aos elementos comuns propostos no ISO Guide 72:2001, que é um guia para elaboradores de normas. O Guia 72 inclui uma estrutura desenvolvida como um modelo que possibilita aos elaboradores produzirem normas que cubram os diversos elementos principais, de maneira consistente.

Os especialistas que desenvolveram a PAS 99 consideram que essa estrutura é a mais apropriada para a nova especificação, uma vez que permite que toda e qualquer norma de Sistema de Gestão seja contemplada, possibilitando o gerenciamento eficaz e eficiente dos requisitos comuns dos Sistemas de Gestão.

No ISO Guide 72, os requisitos principais estão categorizados nos seguintes temas:

- Política;
- Planejamento;
- Implementação e Operação;
- Avaliação de Desempenho;
- Melhoria;
- Análise Crítica pela Direção.

A figura 13.8 mostra que, se os diversos requisitos de Sistemas de Gestão puderem ser organizados de forma que os principais requisitos sejam cobertos de maneira comum, é possível integrar os sistemas na intensidade que for mais apropriada para a organização, ao mesmo tempo em que as duplicações sejam minimizadas.

Figura 13.8: Ilustração de como os Requisitos Comuns das Diversas Normas/ Especificações de Sistemas de Gestão Podem Ser Integrados em um Sistema Comum

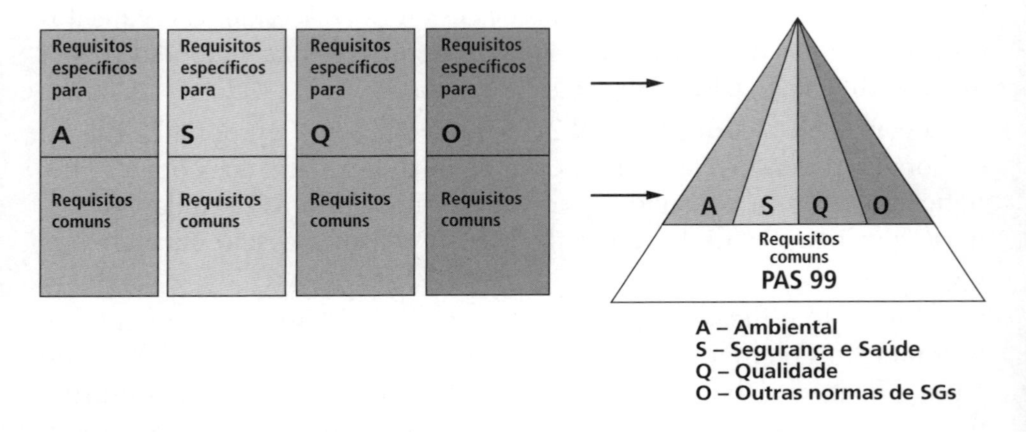

Fonte: Adaptado de Hoffmann, Tavares e Ribeiro Neto (2008)

A abordagem a ser utilizada para a integração depende, evidentemente, da cultura de cada organização, de suas estratégias e do estágio de implantação dos Sistemas de Gestão.

Correspondência entre os Requisitos dos Sistemas de Gestão OHSAS 18001, ISO 14001 e ISO 9001

A tabela 13.1 demonstra como uma organização deve verificar a equivalência dos requisitos para integrar os Sistemas de Gestão:

Tabela 13.1: Correspondência entre os Padrões Normativos

ISO 9001		ISO 14001		OHSAS 18001	
Introdução Generalidades Relação com a ISO 9004 Abordagem de processo Compatibilidade com outros Sistemas de Gestão	0.1 0.2 0.3 0.4	Introdução		Introdução	
Escopo Generalidades Aplicação	1 1.1 1.2	Escopo	1	Escopo	1
Referências normativas	2	Referências normativas	2	Publicações de referência	2
Termos e definições	3	Termos e definições	3	Termos e definições	3
Sistema de Gestão da Qualidade (somente título)	4	Requisitos do Sistema de Gestão Ambiental (somente título)	4	Elementos do Sistema de Gestão da SST (somente título)	4
Requisitos gerais	4.1	Requisitos gerais	4.1	Requisitos gerais	4.1
Responsabilidade, autoridade e comunicação	5.5				
Comprometimento da direção Política da qualidade Melhoria contínua	5.1 5.3 8.5.1	Política ambiental	4.2	Política de SST	4.2
Planejamento (somente título)	5.4	Planejamento (somente título)	4.3	Planejamento (somente título)	4.3

ISO 9001		ISO 14001		OHSAS 18001	
Foco no cliente Determinação de requisitos relacionados ao produto Análise crítica de requisitos relacionados ao produto	5.2 7.2.1 7.2.2	Aspectos ambientais	4.3.1	Identificação de perigos, avaliação de riscos e determinação de controles	4.3.1
Foco no cliente Determinação de requisitos relacionados ao produto	5.2 7.2.1	Requisitos legais e outros requisitos	4.3.2	Requisitos legais e outros requisitos	4.3.2
Objetivos da qualidade Planejamento do Sistema de Gestão da Qualidade Melhoria contínua	5.4.1 5.4.2 8.5.1	Objetivos, metas e programa(s)	4.3.3	Objetivos, metas e programa(s)	4.3.3
Realização do produto (somente título)	7	Implementação e operação (somente título)	4.4	Implementação e operação (somente título)	4.4
Comprometimento da direção Responsabilidade e autoridade Representante da direção Provisão de recursos Infraestrutura	5.1 5.5.1 5.5.2 6.1 6.3	Recursos, funções, responsabilidades e autoridades	4.4.1	Recursos, funções, responsabilidades, prestações de contas e autoridades	4.4.1
(Recursos humanos) Generalidades Competência, treinamento e conscientização	6.2.1 6.2.2	Competência, treinamento e conscientização	4.4.2	Competência, treinamento e conscientização	4.4.2
Comunicação interna Comunicação com o cliente	5.5.3 7.2.3	Comunicação	4.4.3	Comunicação, participação e consulta	4.4.3
(Requisitos de documentação) Generalidades	 4.2.1	Documentação	4.4.4	Documentação	4.4.4
Controle de Documentos	4.2.3	Controle de Documentos	4.4.5	Controle de Documentos	4.4.5

ISO 9001		ISO 14001		OHSAS 18001	
Planejamento da realização do produto	7.1	Controle operacional	4.4.6	Controle operacional	4.4.6
Processos relacionados a clientes	7.2				
Determinação de requisitos relacionados ao produto	7.2.1				
Análise crítica dos requisitos relacionados ao produto	7.2.2				
Planejamento do projeto e desenvolvimento	7.3.1				
Entradas de projeto e desenvolvimento	7.3.2				
Saídas de projeto e desenvolvimento	7.3.3				
Análise crítica de projeto e desenvolvimento	7.3.4				
Verificação de projeto e desenvolvimento	7.3.5				
Validação de projeto e desenvolvimento	7.3.6				
Controle de alterações de projeto e desenvolvimento	7.3.7				
Processo de aquisição	7.4.1				
Informações de aquisição	7.4.2				
Verificação do produto adquirido	7.4.3				
Produção e fornecimento de serviço	7.5				
Controle de produção e fornecimento de serviço	7.5.1				
Validação dos processos de produção e fornecimento de serviço	7.5.2				
Preservação de produto	7.5.5				
Controle de produto não conforme	8.3	Preparação e respostas a emergências	4.4.7	Preparação e respostas a emergências	4.4.7
Medição, análise e melhoria (somente título)	8	Verificação (somente título)	4.5	Verificação (somente título)	4.5

ISO 9001		ISO 14001		OHSAS 18001	
Controle de dispositivos de medição e monitoramento (medição, análise e melhoria) Generalidades Medição e monitoramento de produto Análise de dados	7.6 8.1 8.2.3 8.4	Monitoramento e medição	4.5.1	Monitoramento e medição de desempenho	4.5.1
Medição e monitoramento de processos Medição e monitoramento de produto	8.2.3 8.2.4	Avaliação do atendimento a requisitos legais e outros	4.5.2	Avaliação do atendimento a requisitos legais e outros	4.5.2
--x-x-x--	-	--x-x-x--	-	Investigação de incidente, não conformidade, ação corretiva e ação preventiva (somente título)	4.5.3
--x-x-x--	-	--x-x-x--	-	Investigação de incidente	4.5.3.1
Controle de produto não conforme Análise de dados Ação corretiva Ação preventiva	8.3 8.4 8.5.2 8.5.3	Não conformidade, ação corretiva e ação preventiva.	4.5.3	Não conformidade, ação corretiva e ação preventiva.	4,5,3,2
Controle de registros	4.2.4	Controle de registros	4.5.4	Controle de registros	4.5.4
Auditoria interna	8.2.2	Auditoria interna	4.5.5	Auditoria interna	4.5.5
Comprometimento da direção Análise crítica pela direção (somente título) Generalidades Entradas para a análise crítica Saídas da análise crítica Melhoria contínua	5.1 5.6 5.6.1 5.6.2 5.6.3 8.5.1	Análise crítica pela direção	4.6	Análise crítica pela direção	4.6

Fonte: BS OHSAS 18001:2007

Neste capítulo foram apresentados os aspectos relacionados ao processo de integração dos Sistemas de Gestão da Qualidade, Gestão Ambiental e dos Sistemas de Gestão de Segurança e Saúde no Trabalho.

CONSIDERAÇÕES FINAIS

Com este livro, esperamos despertar nos leitores ao menos curiosidade sobre as principais estratégias a serem implementadas pelas organizações em busca da excelência empresarial.

Acreditamos que todos os gestores tenham condições de iniciar sua caminhada rumo à melhoria de desempenho de suas organizações.

Independentemente do segmento de atuação, buscar a excelência deve ser uma preocupação constante das organizações, dos profissionais e de cada cidadão.

Vamos em frente!

REFERÊNCIAS BIBLIOGRÁFICAS

ALBRECHT, K. *Revolução nos serviços:* como as empresas podem revolucionar a maneira de tratar os seus clientes. São Paulo: Pioneira, 1992.

____________. *A única coisa que importa:* trazendo o poder do cliente para dentro de sua empresa. São Paulo: Pioneira, 1995.

ASSOCIAÇÃO BRASILEIRA DE NORMAS TÉCNICAS. *Coletânea de normas de Sistemas de Gestão da Qualidade*. Rio de Janeiro, 2001.

ASSOCIAÇÃO BRASILEIRA DE NORMAS TÉCNICAS. *NBR ISO 9000*: *Sistemas de Gestão da Qualidade – fundamentos e vocabulário*. Rio de Janeiro, 2000.

ASSOCIAÇÃO BRASILEIRA DE NORMAS TÉCNICAS. *NBR ISO 9001*: *Sistemas de Gestão da Qualidade – requisitos*. Rio de Janeiro, 2008.

ASSOCIAÇÃO BRASILEIRA DE NORMAS TÉCNICAS. *NBR ISO 9004*: *Sistemas de Gestão da Qualidade – diretrizes para melhorias de desempenho*. Rio de Janeiro, 2000.

ASSOCIAÇÃO BRASILEIRA DE NORMAS TÉCNICAS. *NBR ISO 10015*: *diretrizes para treinamento*. Rio de Janeiro, 2001.

ASSOCIAÇÃO BRASILEIRA DE NORMAS TÉCNICAS. *NBR ISO 14001*: *Sistemas de Gestão Ambiental – especificação e diretrizes para uso*. Rio de Janeiro, 2004.

ASSOCIAÇÃO BRASILEIRA DE NORMAS TÉCNICAS. *NBR ISO 19011*: *diretrizes para auditorias em Sistemas de Gestão da Qualidade e/ou Ambiental*. Rio de Janeiro, 2002.

BALDRIGE NATIONAL QUALITY PROGRAM. *Education criteria for performance excellence*. U.S.A.: NIST, 2005.

BERTAGLIA, Paulo Roberto. *Logística e gerenciamento da cadeia de abastecimento*. São Paulo: Saraiva, 2003.

BRITISH STANDARDS. OHSAS 18001:2007 – Sistemas de Gestão da Saúde e Segurança no Trabalho – requisitos. BSI, 2007.

BROWN, M. G. *O Sistema Baldrige da Qualidade*. São Paulo: Makron Books, 1995.

CARVALHO, M. M. *et al. Gestão da Qualidade: teoria e casos*. Rio de Janeiro: Elsevier, 2005.

CERQUEIRA, Jorge P. *Sistemas de Gestão Integrados*. Rio de Janeiro: Qualitymark, 2006.

CERTO, Samuel C. & PETER, J. P. *Administração Estratégica*. 2ª edição. São Paulo: Pearson Prentice Hall, 2005.

COOPER, C. L.; ARGYRIS, C. *Dicionário Enciclopédico de Administração*. São Paulo: Atlas, 2003.

CORRÊA, Henrique L. & CAON, Mauro. *Gestão de serviços*. São Paulo: Atlas, 2002.

CORRÊA, H. L.; CORRÊA, C. A. *Administração de produção e de operações: manufatura e serviços: uma abordagem estratégica*. São Paulo: Atlas, 2005.

DE CICCO, Francesco. *Sistemas de Gestão de Segurança e Saúde no Trabalho: a nova BS 8800*. São Paulo: Risk Tecnologia, 1996. v. II.

______. *Manual sobre Sistemas de Gestão de Segurança e Saúde no Trabalho: a primeira norma de âmbito mundial para certificação de Sistemas de Gestão da SST, OHSAS 18001*. São Paulo: Risk Tecnologia, 1999. v. III.

DE CICCO, Francesco & FANTAZINNI, Mario Luiz. *Técnicas modernas de gerência de riscos*. São Paulo: IBGR, 1985.

DEMAJOROVIC, Jacques, VILELA JUNIOR, Alcir (organizadores). *Modelos e ferramentas de gestão ambiental: desafios e perspectivas para as organizações*. São Paulo: Editora SENAC São Paulo, 2006.

EUROPEAN FOUNDATION FOR QUALITY MANAGEMENT. *Introdução a Excelência*. Portugal, 2006.

FERREIRA, Aurélio Buarque de Holanda. *Minidicionário da Língua Portuguesa*. 3. ed. Rio de Janeiro: Nova Fronteira, 1993.

FUNDAÇÃO PARA O PRÊMIO NACIONAL DA QUALIDADE. *Critérios de Excelência – 2008*. São Paulo: FPNQ, 2007.

GARVIN, D. A. *Gerenciando a qualidade: a visão estratégica e competitiva*. Rio de Janeiro: Qualitymark, 2002.

___________. *What does "Product Quality" really mean?*. Sloan Management Review, 1984.

JOHNSTON, Robert & GRAHAN Clark. *Administração de Operações de Serviço*. São Paulo: Atlas, 2002.

HERRERO FILHO, Emílio. *Balanced Scorecard e a gestão estratégica*. Rio de Janeiro: Campus, 2005.

HOFFMAN, K. D. & BATESON, J. E. G. *Princípios de Marketing de Serviços*. 2. ed. São Paulo: Pioneira Thomson Learning, 2003.

HOFFMANN, Silvana Carvalho; Tavares, José da Cunha; Ribeiro Neto, João Batista. *Sistemas de Gestão Integrados*. São Paulo: Editora SENAC São Paulo, 2008.

KAPLAN, Robert S.; NORTON, David P. *A estratégia em ação: Balanced Scorecard*. Rio de Janeiro: Campus, 1997.

_______. *Organização orientada para a estratégia: como as empresas que adotam o Balanced Scorecard prosperam no novo ambiente de negócios*. Rio de Janeiro: Campus, 2000.

_______. *Mapas estratégicos – Balanced Scorecard: convertendo ativos intangíveis em resultados tangíveis*. Rio de Janeiro: Campus, 2004.

KON, A. *Economia de Serviços: Teoria e evolução no Brasil*. Rio de Janeiro: Elsevier, 2004.

KOTLER, Philip & KELLER, Kevin Lane. *Administração de Marketing*. 12. ed. São Paulo: Pearson Prentice Hall, 2006.

LAS CASAS, A. L. *Marketing de Serviços*. 4. ed. São Paulo: Atlas, 2006.

LOVELOCK, C.; WRIGHT, L. *Serviços: marketing e gestão*. São Paulo: Saraiva, 2002.

LOVELOCK, C.; WIRTZ, J. *Marketing de serviços*. 5. ed. São Paulo: Pearson Prentice Hall, 2006.

MELLO, C. H. P. *et al*. *ISO 9001:2000 – Sistemas de Gestão da Qualidade para operações de produção e de serviços*. São Paulo: Atlas, 2002.

MOREIRA, Maria Suely. *Estratégia e implantação do Sistema de Gestão Ambiental modelo ISO 14000*. Belo Horizonte: Editora de Desenvolvimento Gerencial, 2001.

OLIVEIRA, Djalma. P. R. *Administração de Processos*. São Paulo: Atlas, 2006.

OLIVEIRA, Otávio J. (Org.). *Gestão da qualidade*: tópicos avançados. São Paulo: Pioneira Thomson Learning, 2004.

PARASURAMAN, A.; BERRY, L.L.; ZEITHAML, V.A. *The Nature and Determinants of Costumer Expectations of Service*. Journal of the Academy of Marketing Science 21, n. 1, 1993, p. 1-12.

_______________________________________. *ServQual: A multiple-item scale for measuring consumer perceptions of service quality*. Journal of Retailing. Spring, 1988; v.64, iss 1; p.12, 29 p.

PRAZERES, P. M. *Dicionário de termos da qualidade*. São Paulo: Atlas, 1996.

PORTER, Michael E. *Estratégia competitiva: técnicas para análise de indústrias e da concorrência*. Rio de Janeiro: Campus, 1991.

______. *Vantagem competitiva: criando e sustentando um desempenho superior*. Rio de Janeiro: Campus, 1989.

QUEIROZ, E. K. R. *Qualidade segundo Garvin*. São Paulo: Annablume, 1995.

REZENDE, José Francisco de Carvalho. *Balanced Scorecard e a gestão do capital intelectual*. Rio de Janeiro: Campus, 2003.

SANTOS, Gilberto (coordenação). *Implementação de Sistemas Integrados de Gestão*. Portugal: Publindústria, 2008.

SLACK, Nigel *et al*. *Administração da produção*. 2ª edição. São Paulo: Atlas, 2002.

________________. *Gerenciamento de operações e de processos*. Porto Alegre: Bookman, 2008.

SCHEMENNER, Roger W. *Administração de operações em serviços*. São Paulo: Futura, 1999.

SILVESTRO, R. *et al*. *Towards a classification of services processes*. International Journal of Service Industry Management, vol. 3, n. 3, 1992, pp. 62-75.

ZACHARIAS, Oceano J. *ISO 9000:2000: conhecendo e implantando uma ferramenta de gestão empresarial*. São Paulo: O. J. Zacharias, 2001.

ZEITHAML, V.A.; PARASURAMAN, A.; BERRY, L.L. *Delivering quality service: balancing customer perceptions and expectations*. New York: Free Pass, 1990.

www.dvseditora.com.br